INTRODUCTION 시작하면서 6

APPETIZERS 전채 12

PASTA 파스타 34

MAIN COURSES 주요리 48

DESSERTS & BAKING 디저트와 제과제빵 70

EXTRA STUFF 그 밖의 것들 92

INTRODUCTION
시작하면서

이탈리아 음식은 세계에서 가장 맛있고도 다양해서, 당연하게도 가장 많은 인기를 누린다. 피자, 라자냐, 티라미수를 발명한 나라를 사랑하지 않을 도리가 있을까? 『탁탁탁 지글지글 짠!: 만화 실버 스푼』은 『실버 스푼』을 멋있는 만화로 다시 그려 만든 책으로, 이탈리아에서 가장 유명한 요리 만드는 법을 소개한다. 『실버 스푼』은 1950년대 처음 출간되어 이탈리아의 요리 경전으로 자리 잡은, 성경처럼 아주 두꺼운 책이다. 여기서는 그중에서도 최고로 손꼽히는 음식 50개를 골라 담았다. 이탈리아 요리를 쉽게 집에서 만들 수 있도록 빠르고 간편한 레시피를 차례별로 모두 그림으로 표현했다.

HOW TO EAT THE ITALIAN WAY
이탈리아식으로 먹기

이탈리아 사람들과 그들이 생각하는 음식의 의미를 이해해야 이탈리아의 음식 세계를 이해할 수 있다. 이탈리아 사람들은 음식을 단순히 사랑하는 정도가 아니다. 그들에게 음식이란 예술이나 종교와 마찬가지다. 시골이든 도시든, 이탈리아 사람들이 나누는 이야기에 귀 기울여 보라. 아침, 점심, 저녁을 어디에서 먹을지가 대화의 주제란 사실을 깨달을 수 있을 것이다. 한마디로 이탈리아는 음식에 푹 빠진 나라다.

얼마 전 한 유명한 파스타 제조 회사에서 외국인을 위한 파스타 '규칙'을 발표한 적이 있다. 물론 음식 이야기이고 이탈리아의 전통을 지키기 위한 것이었다. 애초에 완벽한 걸 바꿀 필요는 없지 않을까? 첫 번째 규칙은 "파스타에 케첩을 쓰지 않는다."였는데, 사실 놀라운 일도 아니다. 이는 파스타를 채소나 곁들이 음식처럼 다른 음식과 함께 내는 행위와 더불어 큰 결례 중 하나다. 파스타는 소중하다. 원한다면 주요리로도 먹을 수 있다. 코스에 낸다면 안티파스토(적은 양의 전채) 다음에 일 프리모(첫 번째 코스 요리)로 나와야 한다. 절대 일 세콘도(두 번째 코스 요리. 고기, 생선, 아니면 채소가 나올 수 있다.)로 나오면 안 된다. 그 뒤에는 인살라타(샐러드 코스 요리), 포르마지 에 후루타(치즈와 싱싱한 제철 과일. 껍질은 꼭 벗긴다.), 그리고 돌체(디저트)의 순으로 먹는다. 한편 파스타와 닭고기를 함께 먹는 것도 큰 잘못이다. 이유는 확실하지 않지만, 이탈리아에서는 그렇게 하지 않는다. 그리고 파스타를 삶을 끓는 물에 기름을 더해도 안 된다. 삶아서 건진 다음에서야 조금만 졸졸 뿌려 촉촉함과 풍성함을 지켜 준다. 마지막으로 가장 중요한 규칙이 있다. 절대 혼자 먹으면 안 된다. 이탈리아에서는 가장 사랑하는 이들과 음식을 함께 즐겨야만 전통과 음식, 그리고 요리에 들어간 수고를 모두 존중하는 것이라고 믿는다.

그럼 이제 이탈리아에서 끼니가 중요한 일이라는 걸 알아차렸을 테니 적어도 두세 시간 동안, 접시에 담긴 음식의 맛과 정성을 헤아리면서 천천히 음미하도록 하자. 이탈리아에서는 함께 빵을 나눠 먹는 일이 돌체 비타(달콤하고 행복한 삶)의 필수 요소라고 믿는다. 『탁탁탁 지글지글 짠!』도 알리고 싶은 의미다. 음식은 가족이나 친구와 함께 나눠 먹을 때 가장 맛있다!

LANDSCAPE AND CLIMATE
환경과 기후

다채로운 환경과 기후 덕분에 이탈리아 음식은 엄청나게 다양하다. 19세기 초까지 이탈리아가 통일된 나라가 아니었다는 점도 한몫 거든다. 오늘날에는 주^{regione}로 구분되는 스무 개의 지역은, 당시만 해도 서로 완전히 다른 환경에서 나오는 특유의 맛으로 넘쳐 나는 별개의 작은 나라였다. 이탈리아는 뾰족한 굽이 달린 긴 장화처럼 생겼다. 장화의 꼭대기는 눈 덮인 산맥의 북부로서, 프랑스, 스위스, 오스트리아 및 슬로베니아와 이웃하고 있다. 북부 지역에서는 맛있는 고기와 유제품이 나온다. 한편 지중해를 맞대고 튀니지와 이웃하는 남부는 과수원, 토마토, 올리브 나무로 유명하다. 마지막으로 온화한 기후의 중부는 밀, 옥수수, 보리가 풍부해 이탈리아의 빵 바구니 역할을 한다.

각 지역 특산물을 한데 모아 놓으면 이탈리아의 진짜 음식은 장인 정신이 빚어낸다는 사실을 바로 알 수 있다. 이탈리아의 음식은 가장 좋은 제철 및 지역 재료에서 태어난다. 그래서 2월에 토마토를 먹지 않고, 3월의 부활절이 되야만 새끼양 고기(아넬로)를 먹는다. 그리고 많은 음식이 몸은 물론 마음마저 튼튼하게 해줄 정도로 맛있고 푸짐하다. 이탈리안 셰프가 거품이나 액화 질소로 장난치는 모습을 본 적이 있는가? 그들은 동네 시장에서 가장 맛있는 재료를 찾아 나서거나, 주방에서 요리하거나, 친구들과 나눠 먹거나, 가장 맛있는 정어리 구이(58쪽), 피자 가게식 스테이크(52쪽), 또는 최고의 에스프레소를 찾아 방방곡곡을 누비느라 그럴 시간이 없다. 아, 그리고 가장 맛있는 에스프레소는 로마에서 마실 수 있다.

KEY INGREDIENTS
주요 재료

당연하게도, 이탈리아는 지역마다 맛있는 보물을 간직하고 있다. 예를 들어 에밀리아로마냐 지방은 비살균 원유로 만든 진하고 짭짤한 파르미지아노 레지아노 치즈로 유명하다. 파르마 햄이나, 진하고 달콤해 한 잔도 거뜬히 비울 수 있는 발사믹 식초도 있다. 피에몬테는 요정이 나올 것 같은 참나무, 너도밤나무, 개암나무 숲과 숲에서 자라는 향긋하고 울퉁불퉁한 흰 송로버섯이 특산물이다. 흰 송로버섯은 세계에서 가장 비싼 식재료다. (마카오의 카지노 왕 스탠리 호가 2010년 흰 송로버섯 2kg을 330,000달러(약 3억 5천만 원)에 샀다는

이야기가 있다.) 한편 지중해에서 가장 큰 섬인 시칠리아에서는 단맛과 기분 좋은 쓴맛이 어우러지는 빨간 오렌지로 만든 그라니타(얼음이 서걱서걱 씹히는 소르베. 82~82쪽의 딸기나 살구로 만들 수 있는 레시피 참조)나 달콤한 카놀리(리코타 치즈를 채운 달콤한 페이스트리 껍데기, 90~91쪽)가 유명하다. 토스카나의 올리브기름은 너무나도 유명한 나머지 위조품도 팔린다.

이런 식재료를 구할 수 없을 때 이탈리아 사람들은 진심으로 슬퍼한다. 구할 수 있다면 당연히 큰 자부심을 느낄 것이다. 그리고 각 지역을 대표하는 식재료는 대개 POD(원산지 명칭 보호) 도장이 찍혀서 품질을 보장해 준다. 이탈리아 식재료를 살 때는 꼭 확인하는 게 좋다. 아니면 이탈리아 사람들처럼 슈퍼마켓 대신 시장을 찾거나 채소 가게, 델리에서 장을 보라. 품질이 더 좋으면서도 종종 더 싸고, 제철이라 가장 맛있는 채소나 과일에 대한 이야기도 들을 수 있다. 그리고 대부분은 사기 전에 맛을 보여 주니까 장보기가 훨씬 더 즐겁고 또 맛있을 수밖에 없다.

동시에 이탈리아 사람들의 요령도 배울 수 있다. 요리하기

싫다면 그저 접시에 치즈(송로버섯 기름을 졸졸 뿌린 리코타 치즈, 토마토, 바질 잎과 함께 켜켜이 담은 모차렐라 치즈, 진하고 파란 고르곤졸라 치즈), 살루미(오래 두고 먹는 가공육. 얇게 저민 살라미, 프로슈토, 브레사올라를 맛보라.), 맛있는 빵과 올리브만 차려 보라. 뚝딱 차린 저녁이지만 모두가 행복할 만큼 맛있을 것이다.

REGIONAL DISHES
지역 요리

때로 진지하게 요리를 해야 할 때, 『탁탁탁 지글지글 짠!』은 전채(안티파스토), 파스타(일 프리모), 주요리(일 세콘도), 디저트(돌체)를 한데 아울러 맛있는 이탈리아식 만찬을 차릴 수 있도록 도와준다. 동시에 이 책의 레시피는 여러 지역의 대표 요리를 망라한다. 냄비 하나에 끓이는, 사냥꾼의 음식인 닭고기 카치아토레(60쪽)는 피렌체, 씹는 맛이 살아 있는 납작한 반죽 위에 생토마토 소스와 모차렐라 치즈를 얹어 굽고 바질 잎을 얹은 마르게리타 피자(20~21쪽)는 나폴리를 대표하는 요리다. 1889년 이탈리아 국기를 상징하는 재료만 먹고 싶다는 마르게리타 여왕의 바람을 받들어 태어났다. 이탈리아라는 장화의 발뒤꿈치에 자리잡은 풀리아에서는 속을 채운 판차로티(26~27쪽)를 소개하고, 완두콩과 햄 탈리아텔레(38쪽)는 에밀리아로마냐의 음식이다. 스파게티로만 만들어 먹는 카르보나라(41쪽)는 로마의 요리다. 고전적인 세이지와 프리토 미스토(모둠 튀김,

66~67쪽)는 베네치아 앞바다에서 갓 잡아 올린 해산물로 만들 때 가장 맛있다. 두 번 구워 만드는 아몬드 비스킷인 칸투치(74쪽)는 커피에 담가 먹으면 너무 맛있어 영국에서는 '커피 빵'이라 일컬으며 중세 시대부터 먹은 프라토 지역의 보물이다. 서늘한 기후 덕분에 울창한 숲과 풍성한 풀에서 얻어지는 맛있는 우유와 크림으로 만드는 헤이즐넛 소스 판나 코타(78~79쪽)는 피에몬테의 별미다. 평생토록 이탈리아 지역 요리를 찾아 먹을 수 있는데, 『탁탁탁 지글지글 짠!』이 좋은 출발점이 될 것이다.

SHOPPING TIPS
장보기 요령

기본 재료는 간단하게 사는 게 좋다. 이탈리아 사람들은 대부분 데 체코 De Cecco 같은 브랜드의 고급 건조 파스타를 사서 쓰니까 굳이 생파스타를 찾을 필요까지는 없다. 하지만 올리브기름과 발사믹 식초는 항상 좋은 걸 갖춰야 한다. 제철이 아닌 토마토보다는 이탈리아산 통조림 토마토가 훨씬 더 맛있겠지만, 음식에 생생함을 불어넣어 주는 바질, 오레가노, 세이지 같은 생허브는 말린 것으로 대체할 수 없다. 한편 통조림 콩은 말리거나 다시 불린 것만큼 맛있고, 생선만큼은 언제나 냉동보다 생물이 좋다. 그리고 슈퍼마켓 냉장고보다는 정육점에서 요리에 맞는 고기와 부위를 더 잘 찾을 수 있다. 요리에 쓸 와인이 없다면 육수나 심지어 물을 대신 써도 좋다.

COOKING AND TECHNIQUES
요리와 솜씨

다행스럽게도 대부분의 이탈리아 요리는 특별한 도구 없이도 할 수 있을 만큼 쉽고 간단하다. 다만 날카로운 칼과 도마, 나무 국자와 거품기는 꼭 필요하다. 리소토를 위한 바닥 두툼한 팬, 파스타 삶을 물을 끓이거나 튀김 기름을 달굴 큰 냄비, 소스를 위한 크고 얕은 팬도 마련한다. 아주 뜨거운 오븐에서 피자구잇돌로도 쓸 수 있는 튼튼한 제과제빵팬도 필요하다. 통구이에 쓸 수 있을 뿐만 아니라 뒤집으면 아주 뜨거운 오븐에서 피자도 구울 수 있다. 그리고 저울과 계량컵, 케이크 틀, 라메킨 한 쌍, 샐러드 그릇이나 티라미수를 담을 수 있는, 재료 섞는 대접 몇 점이면 준비는 끝이다.

레시피를 끝까지 잘 읽어서 요리 과정을 머릿속에 새기는 게 가장 중요하다. 그걸 미장 플라스 Mise en Place라 부르는데, 셰프들이 쓰는 말로 모든 장비를 챙기고 재료를 달아 늘어놓는 과정을 뜻한다. 오븐도 미리 데워 놓고, 채소가 과조리되는 걸 막을 수 있도록 차가운 얼음물을 채운 대접에 담아 준비한다. 이 모든 준비를 잘해야 요리도 잘할 수 있다. 요리를 시작하면 계속 맛보는 걸 잊지 말자. 그렇지 않으면 간을 더 해야 하는지, 허브와 향신료를 더해야 하는지 알 수가 없다. 하지만 마음을 느긋하게 먹자. 이는 특히 소금을

쓸 때 중요하다. 싱거울 때 더하는 건 쉽지만, 많이 써서 짜지면 되돌릴 수가 없다. 뜨거운 음식을 낼 때는 접시를 오븐 바닥에 두어 데운다. 각 손님에게 돌아가는 덜어 먹는 접시도 마찬가지다. 생선 손질 등의 조리법에 대해서는 95쪽의 '상세한 조리법'을 참조한다.

이렇게 기본을 잘 익혀 두면 마치 요리사처럼 요리할 수 있다. 토마토 브루스케타(22쪽)와 아그로돌체 카포나타(16쪽) 같은 전채, 고전 파스타인 페스토 링귀니(46쪽), 폴렌타를 곁들인 배갈비(56쪽) 같은 주요리, 안 먹고 배길 수가 없는 라즈베리 세미프레도(75쪽), 가족 및 친구와 나눠 먹기 좋은 티라미수(77쪽) 등을 쉽게 만들 수 있다. 여러분의 돌체 비타(행복한 삶)를 꾸릴 수 있는 것이다.

본 아페티토 아 투티!(함께 맛있게 드세요!)

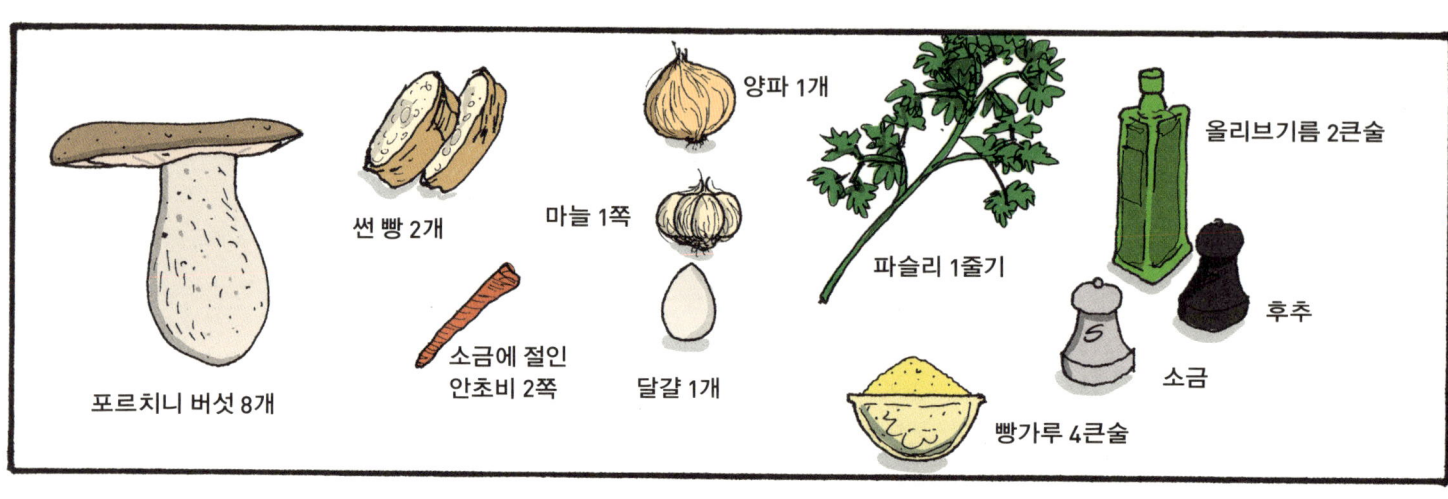

STUFFED PORCINI MUSHROOMS

속 채운 포르치니 버섯

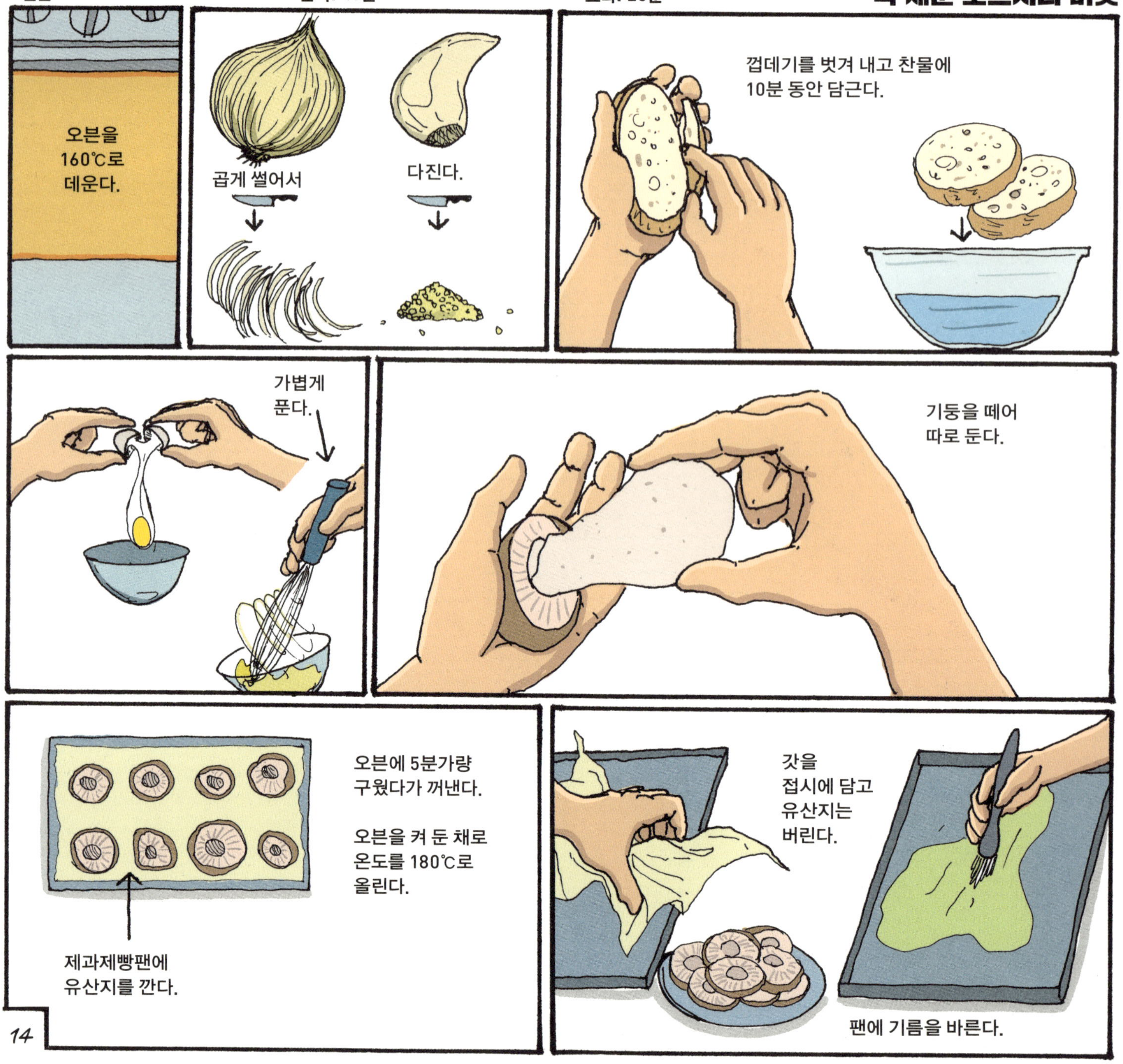

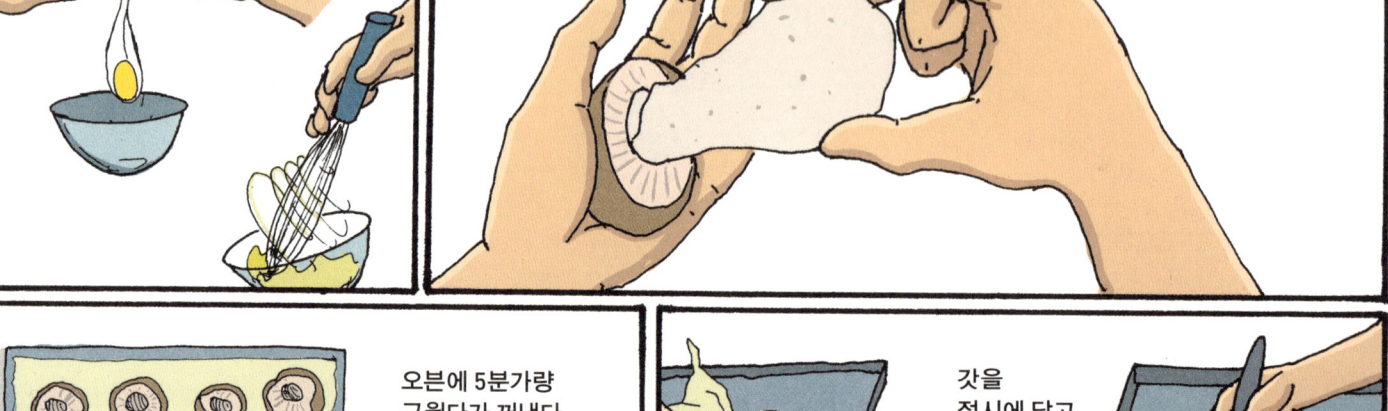

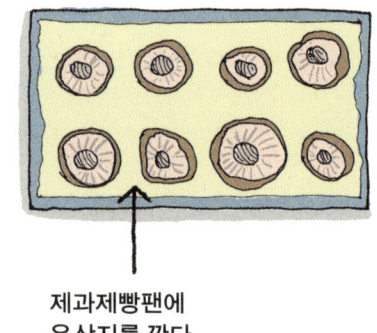

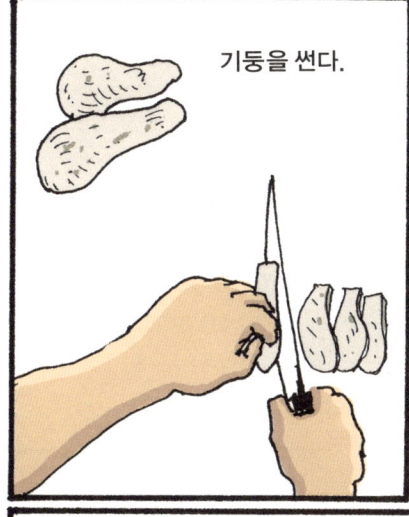
기둥을 썬다.

안초비를 다진다.

기름 1큰술을 달궈서 양파를 볶는다. 파슬리 안초비와 마늘 약불

5분 동안 볶고 기둥을 더한다.

3~4분 볶고 간한다. 그다음 불에서 내린다.

빵의 물기를 짠다.

기름 1큰술, 빵, 달걀 잘 섞는다.

팬에 갓을 올리고 빵과 달걀로 채운다.

빵가루를 솔솔 뿌린다.

20분 굽는다.

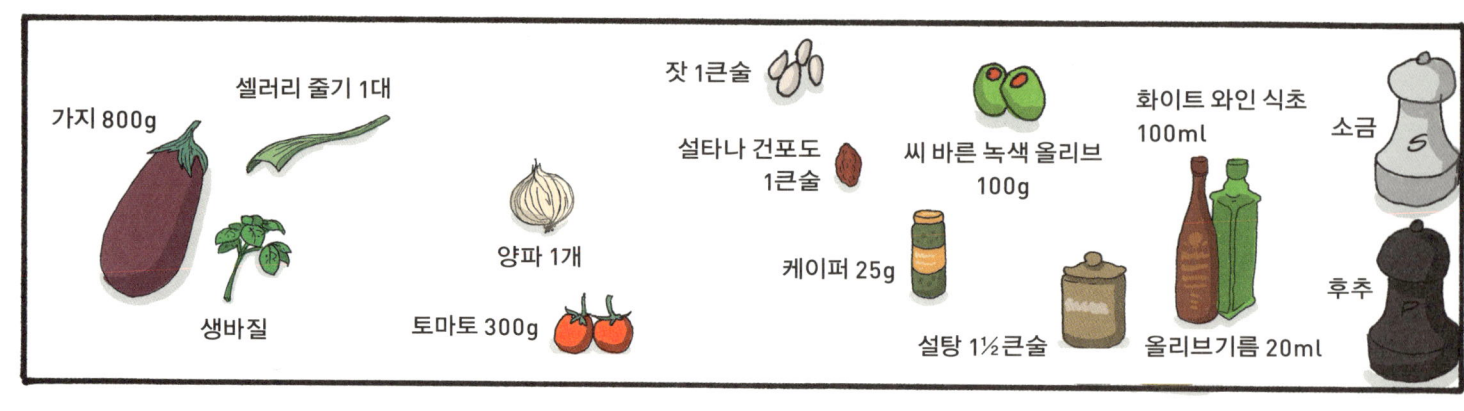

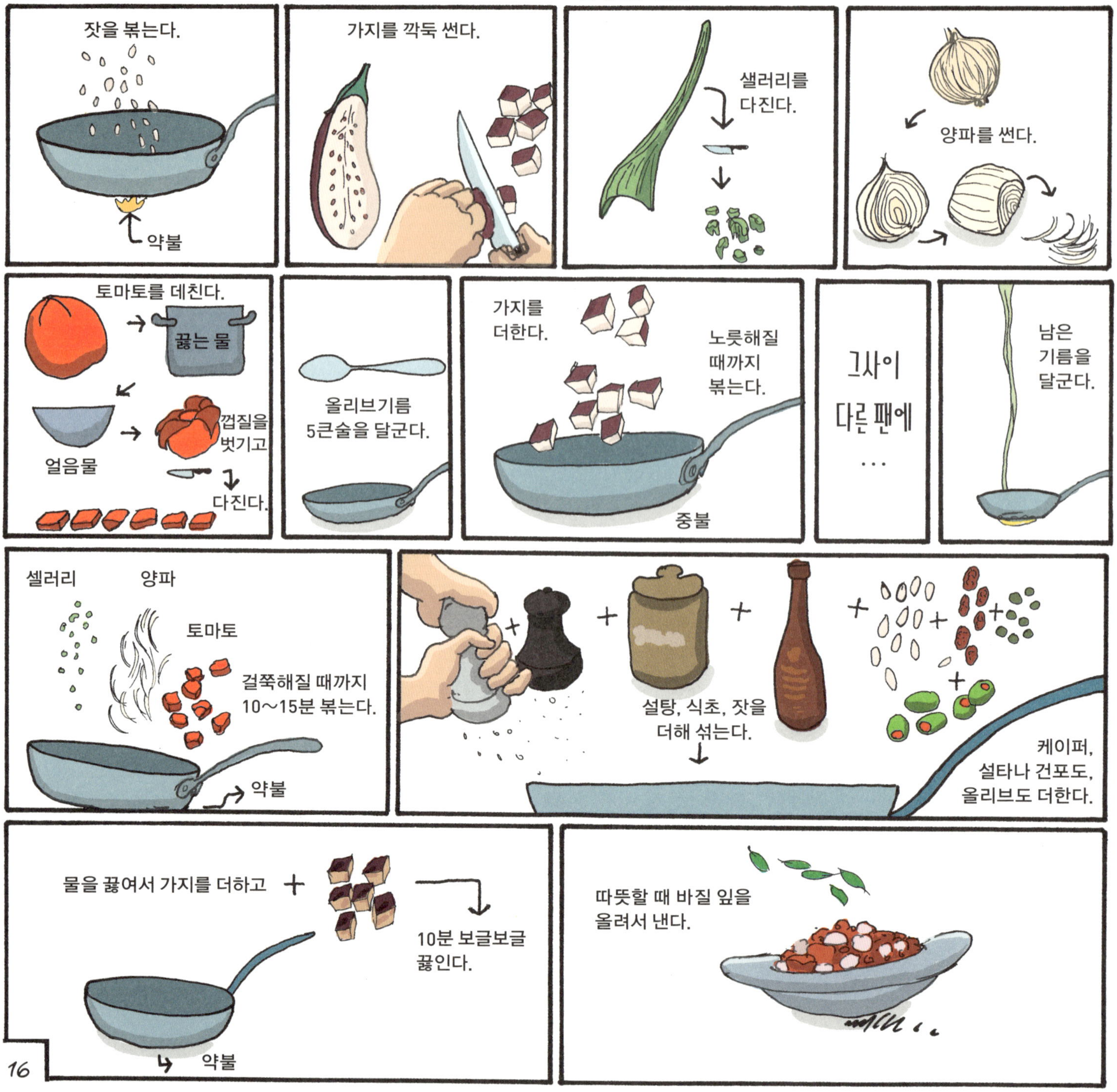

GRILLED STUFFED SQUID
속 채운 오징어 그릴 구이

재료: 오징어 4마리, 파슬리 1줄기, 마늘 ½쪽, 빵가루 50g, 썬 레몬, 소금, 후추, 올리브기름(뿌리고 바를 것)

4인분 | **준비: 30분** | **요리: 10분**

1. 다리를 떼어 따로 둔다.
2. 머리와 내장을 떼어 낸다.
3. 등뼈도 발라낸다.
4. 껍질을 벗기고 지느러미도 뗀다.
5. 가볍게 물에 헹군다.
6. 물기를 찍어 낸다.
7. 오징어 다리 + 파슬리 + 마늘 → 다진다.
8. 빵가루와 기름 약간을 더하고 간한다.
9. 그리고 잘 섞어서 오징어 몸통에 숟가락으로 떠 채운다.
10. 이쑤시개를 찔러서…
11. 잘 여민다.
12. 기름을 바르고 간한다.
13. 그릴에 올려 서서히 달군다.

부드럽고 노릇해지면 뒤집는다.

썬 레몬을 곁들여 낸다.

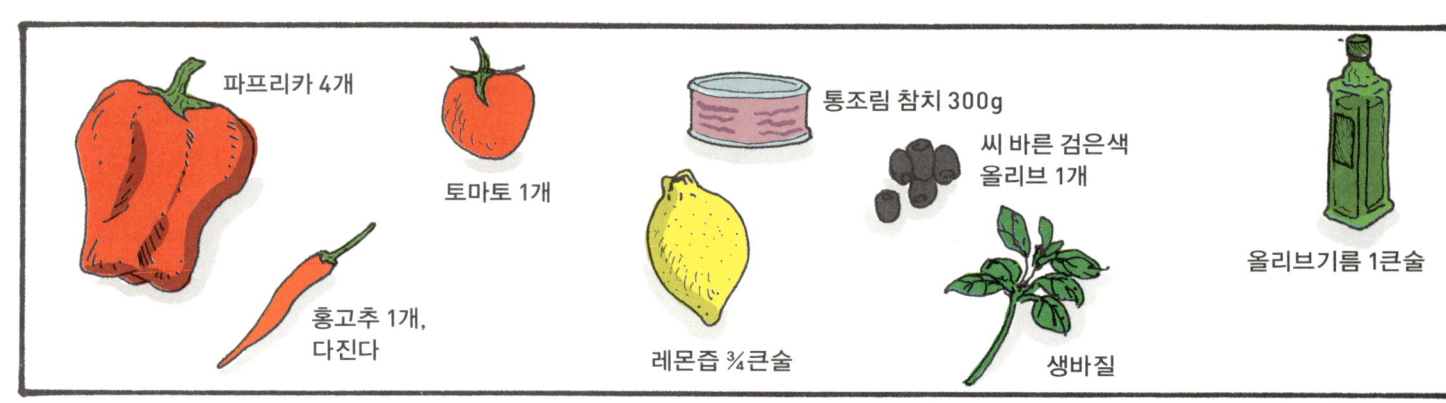

ROLLED PEPPERS

파프리카 말이

4인분 준비: 15분 요리: 10분

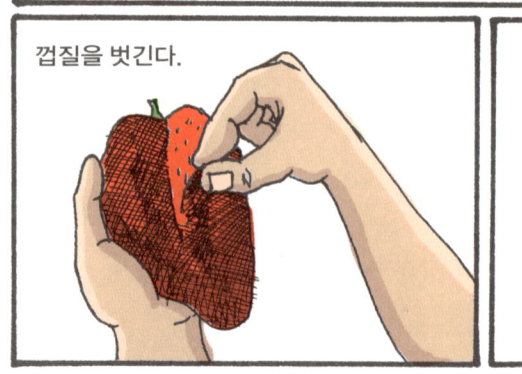

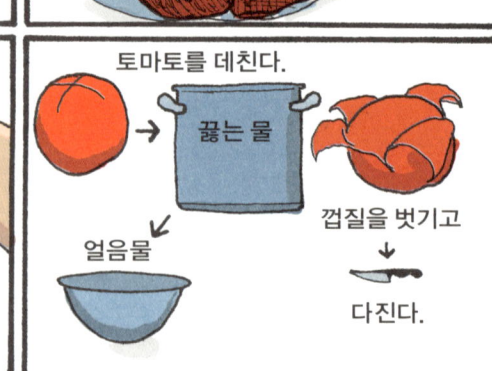

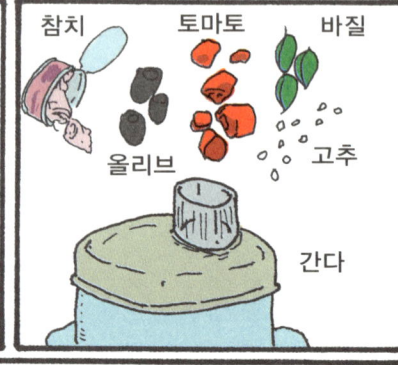

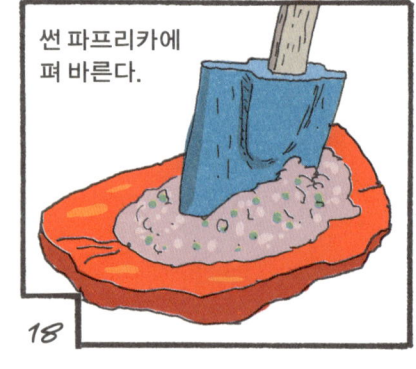

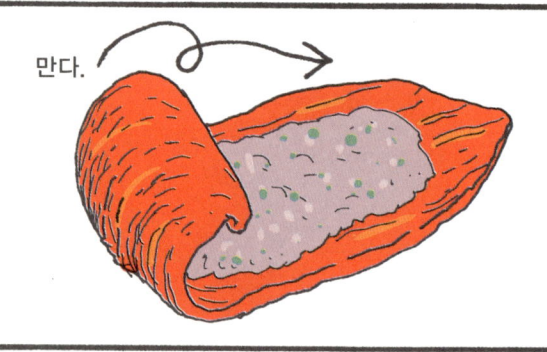

 베이컨 비계(라르동) 조각 4쪽

 달걀 4개

 생크림 4큰술

 갓 갈아낸 파르지미아노 치즈 2큰술

EGGS EN COCOTTE

코코트에 익힌 달걀

4인분 준비: 10분 요리: 6~8분

오븐을 180℃로 데운다.

1분 동안 삶는다.

베이컨 비계 1쪽과  생크림 1큰술을 각 라메킨에 담는다.

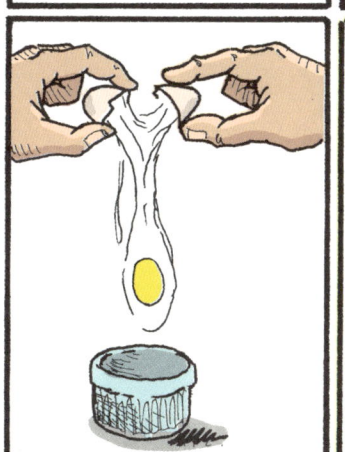

라메킨을 구이팬에 담고  끓는 물을 절반까지 잠기도록 채운다.

 굽는다.

6~8분 동안.

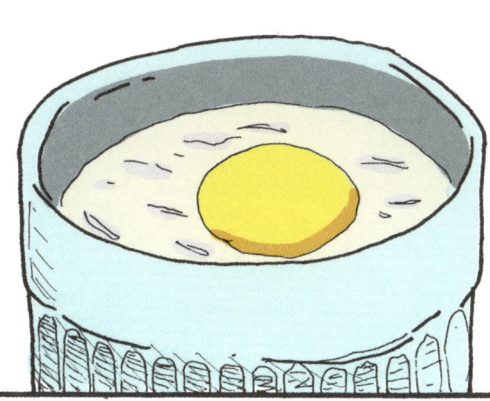 베이컨 기름의 진하고 짭짤한 맛과 생크림의 순한 맛 덕분에 달걀의 맛이 섬세해진다.

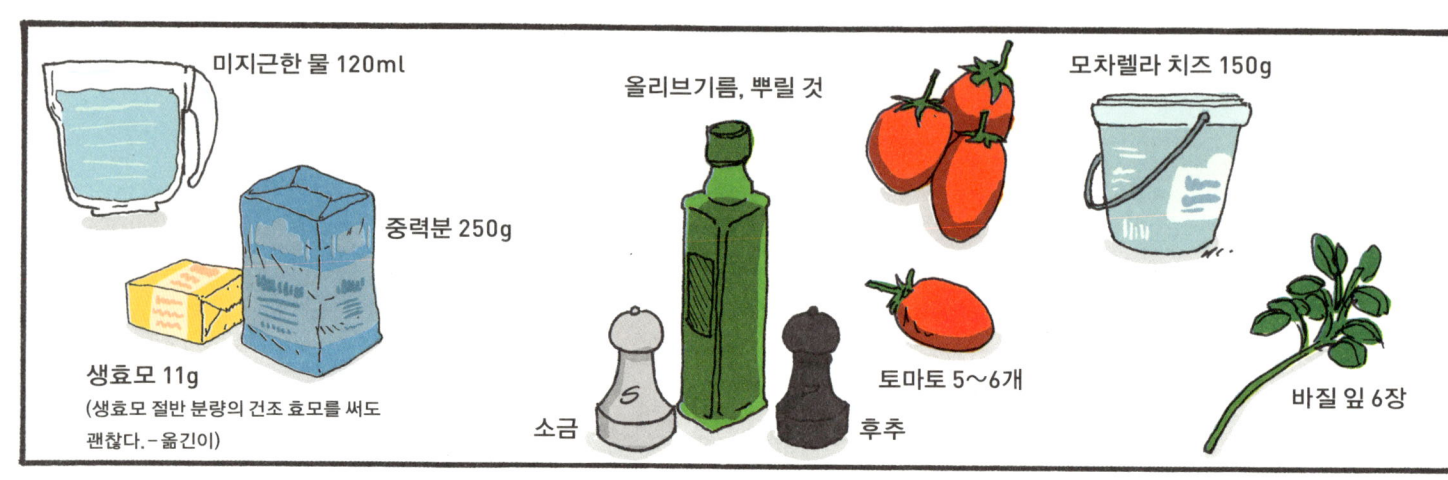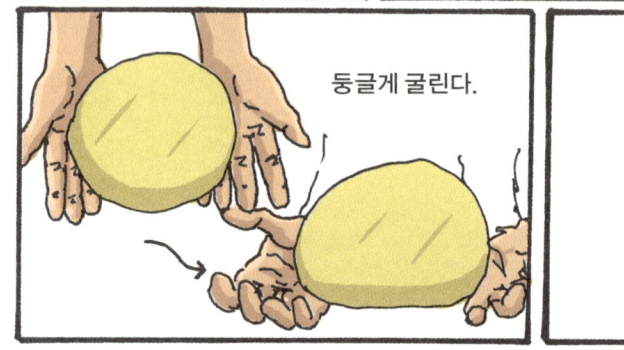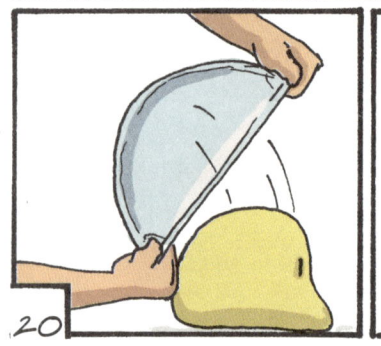

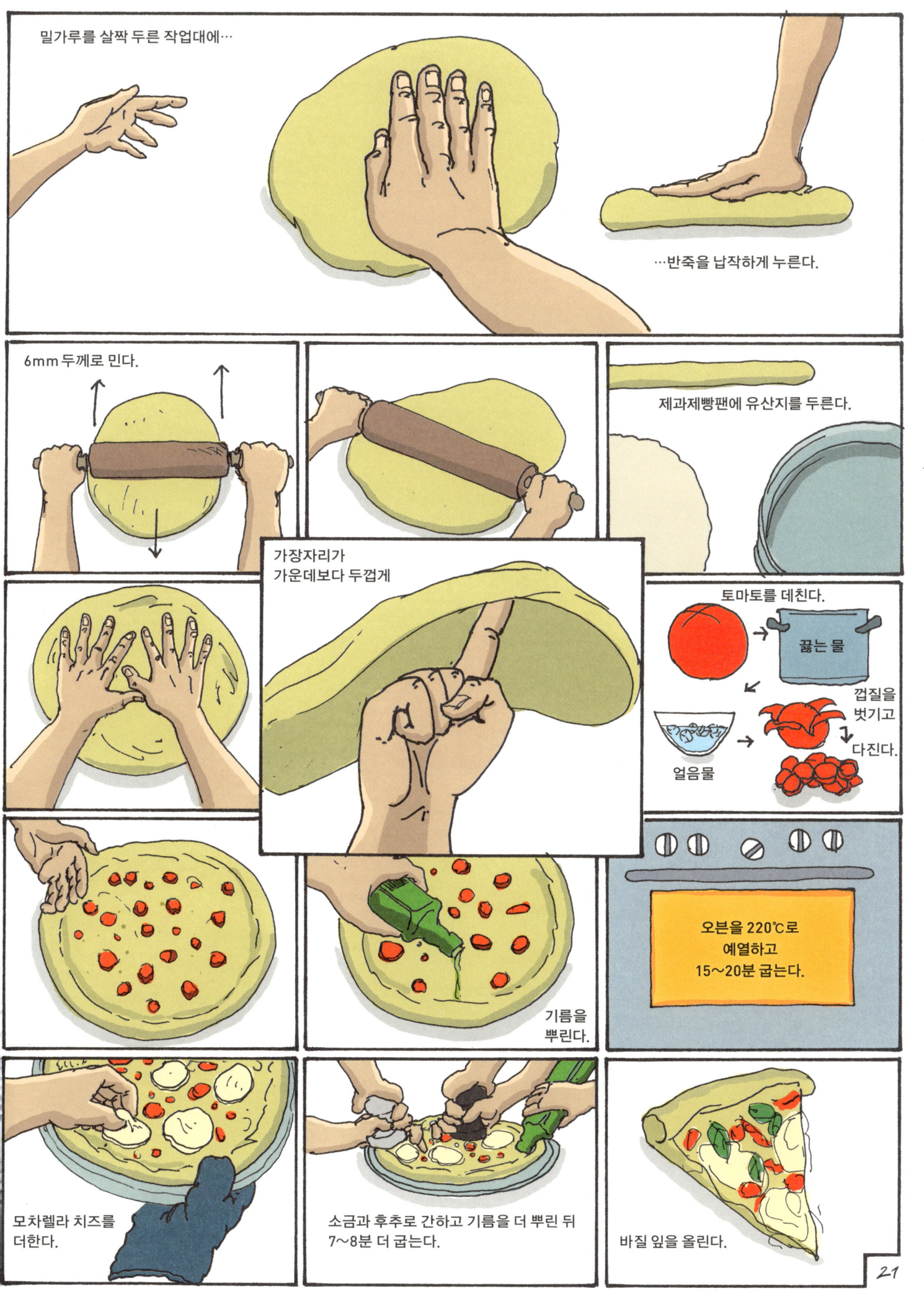

 시골빵
 마늘 4쪽
 플럼 토마토 6~8개
 엑스트라버진 올리브기름
 소금 후추

TOMATO BRUSCHETTA
토마토 브루스케타

4인분   준비: 20분   요리: 5분

Dice 깍둑썰기

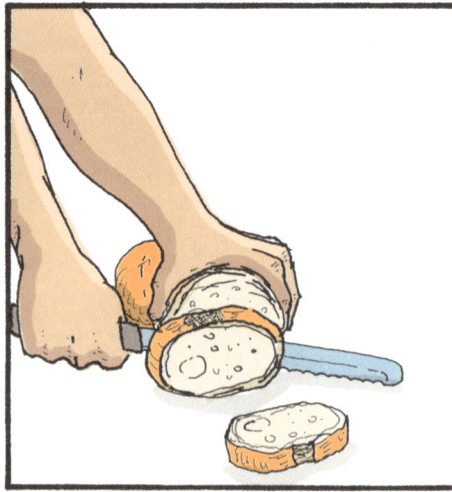

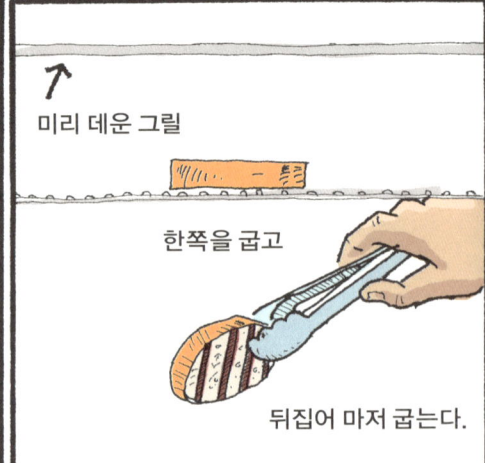
미리 데운 그릴
한쪽을 굽고
뒤집어 마저 굽는다.

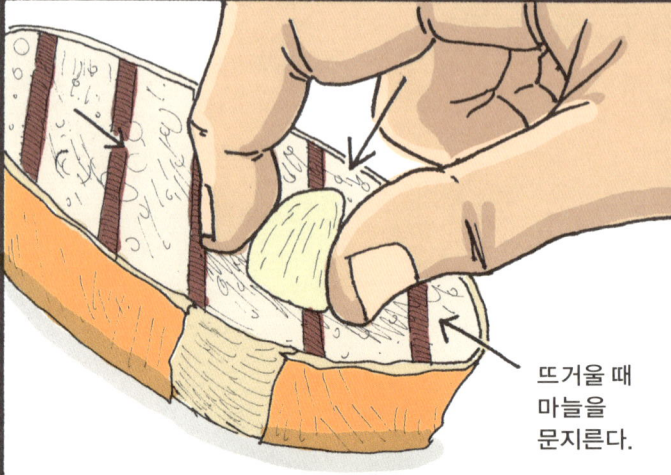
뜨거울 때 마늘을 문지른다.

그릴에 잠시 올려 둔다.

토마토를 얹는다.

간한다.
기름을 뿌린다.

모차렐라 치즈, 프로슈토, 안초비, 누에콩, 바질을 올려도 맛있다.

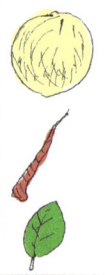

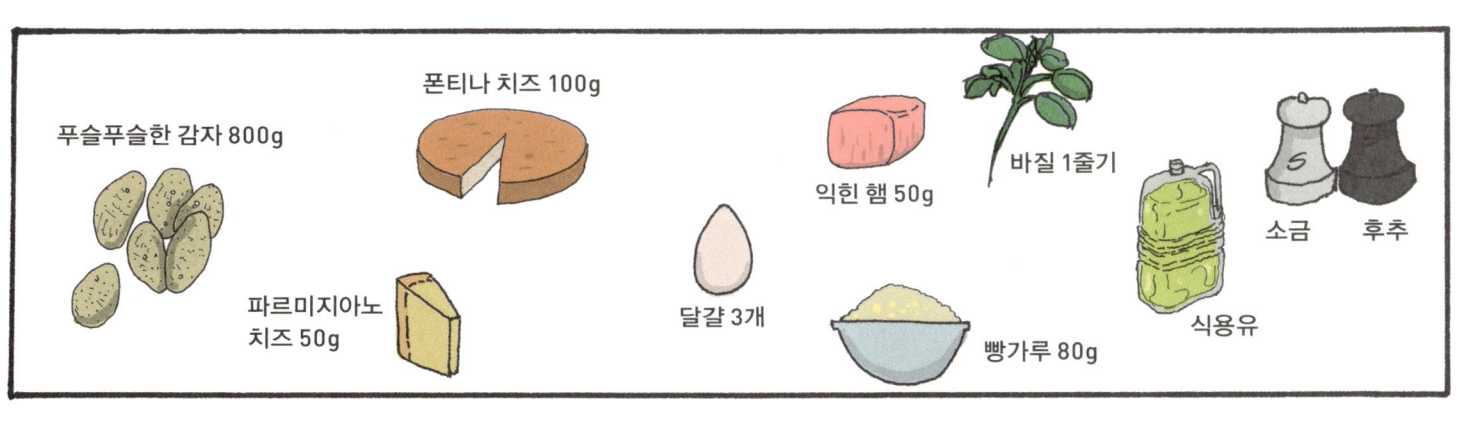

POTATO CROQUETTES

감자 크로켓

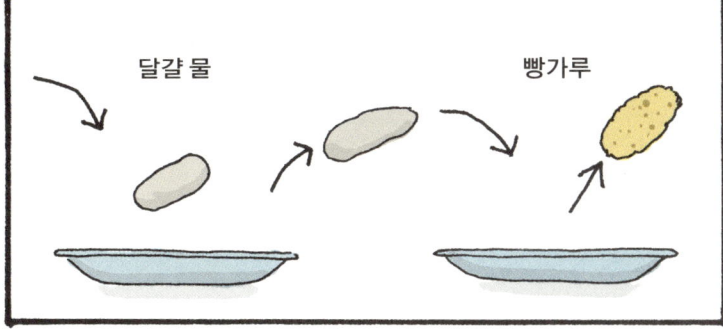

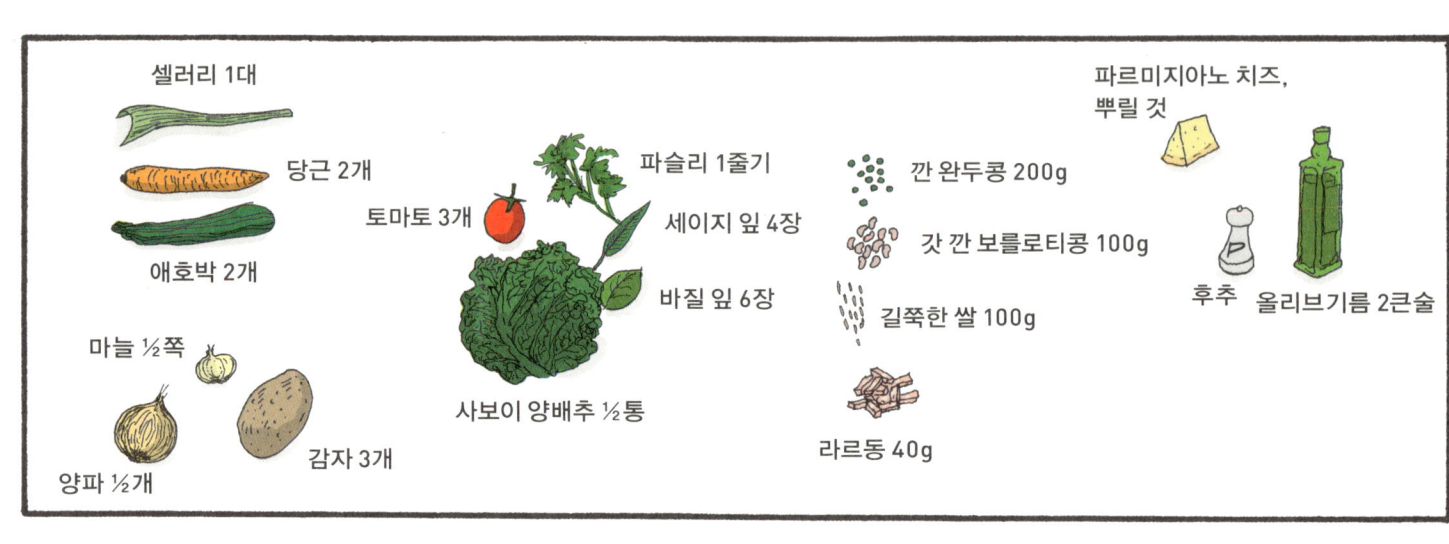

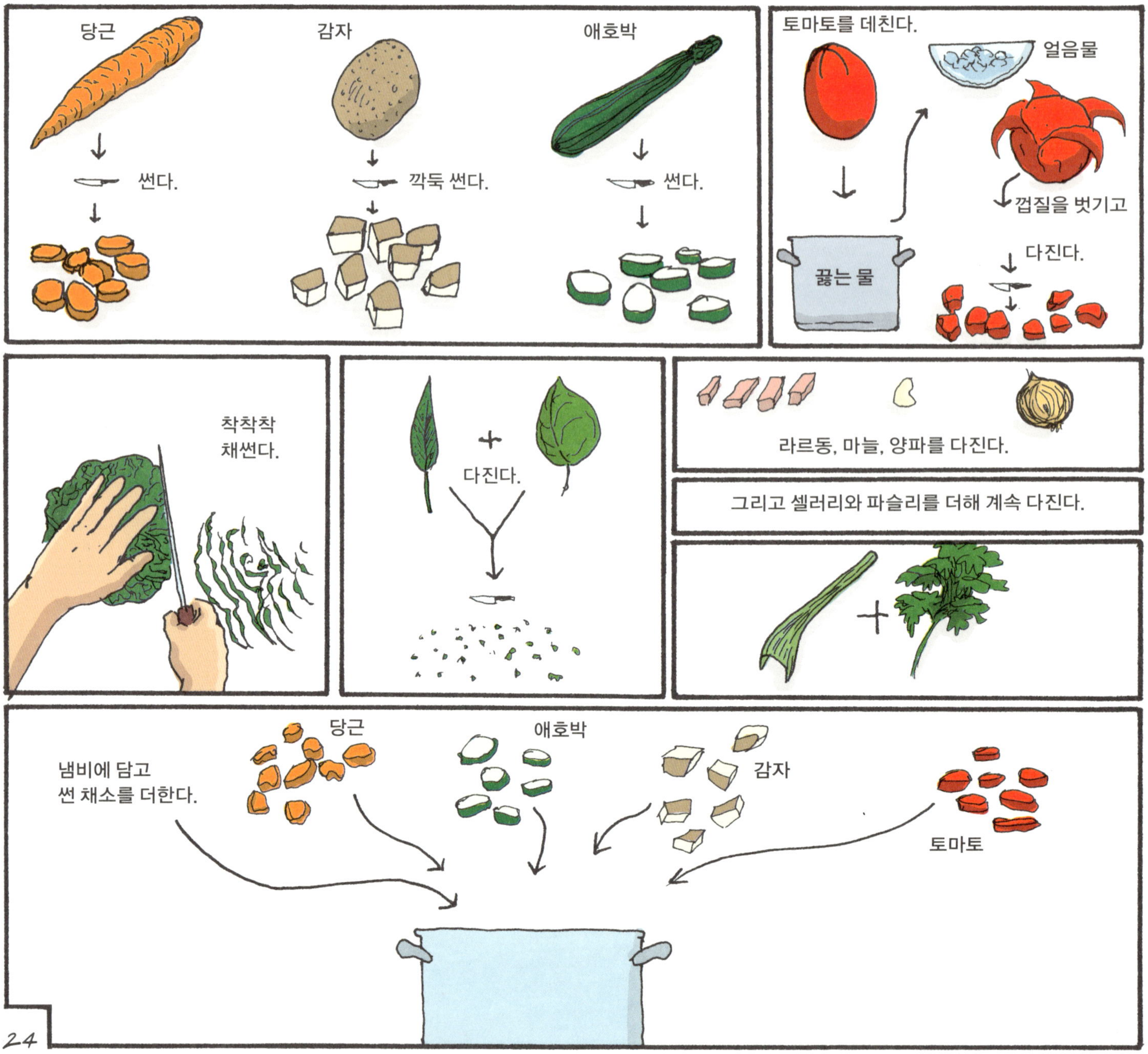

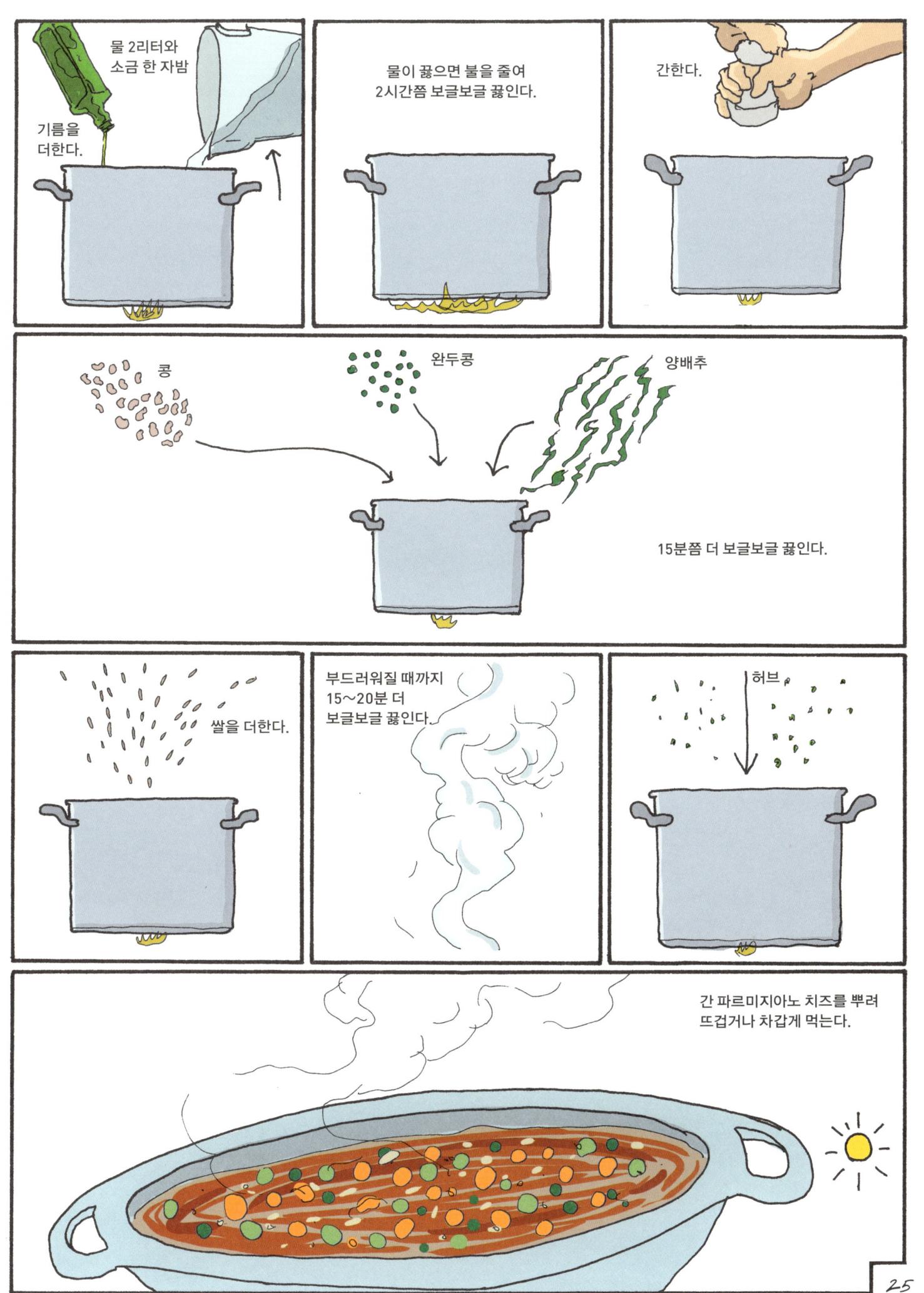

 중력분 500g
 생효모 25g
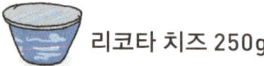 리코타 치즈 250g
 햄 150g
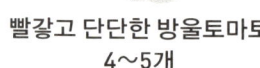 빨갛고 단단한 방울토마토 4~5개
 올리브기름, 튀김용

 소금 후추

PANZAROTTI
판차로티

4인분 　 준비: 3시간 45분 　 요리: 8~10분

밀가루와 + 소금을 체로 내려 산을 만든다.

생효모를 미지근한 물 250ml에 더해 으깬다.

밀가루 산에 우물을 파고 붓는다.

잘 섞어 반죽을 만든다.

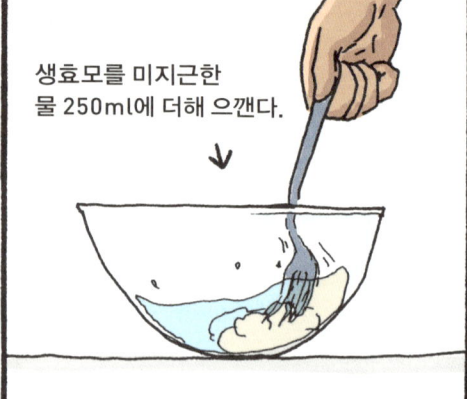
매끈하고 잘 늘어날 때까지 반죽한다.

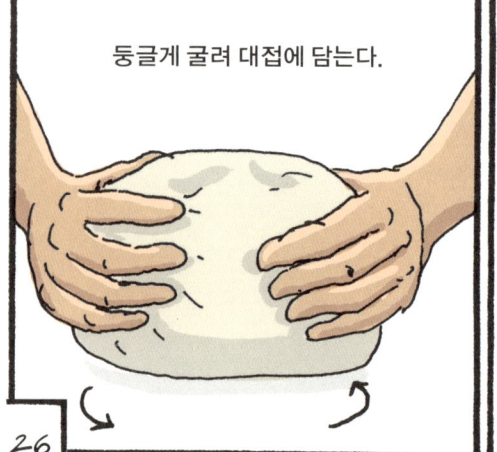
둥글게 굴려 대접에 담는다.

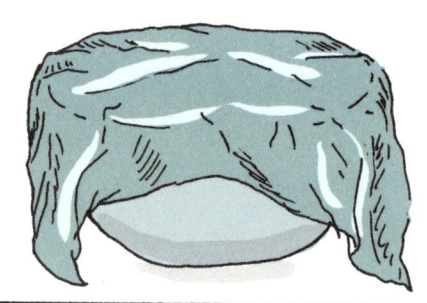
행주로 덮고 두 배로 부풀 때까지 따뜻한 곳에 2~3시간 둔다.

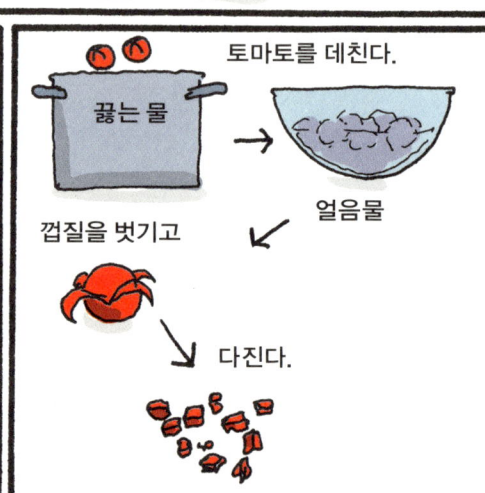
토마토를 데친다.
끓는 물 → 얼음물
껍질을 벗기고 다진다.

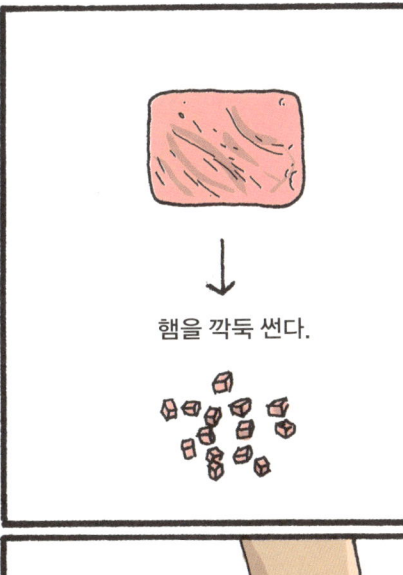
햄을 깍둑 썬다.

리코타 치즈와 햄을 섞고 간한다.

반죽을 8개로 똑같이 나눈다.

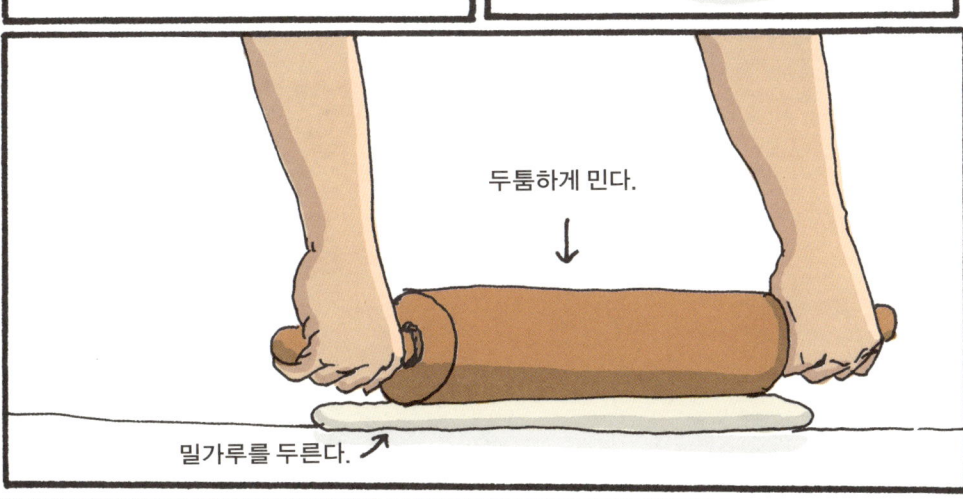
두툼하게 민다.
밀가루를 두른다.

민 반죽에 리코타 치즈를 올린다.

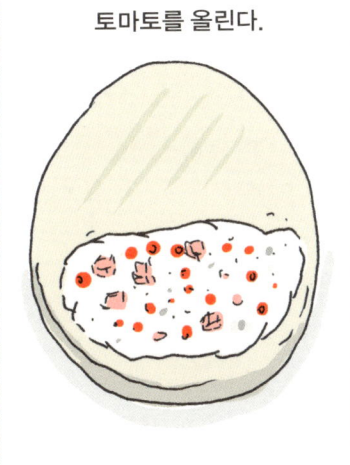
토마토를 올린다.

반죽을 반으로 접고 포크로 눌러 여민다.

튀김 냄비에 기름을 180℃, 또는…
빵조각이 30초 만에 떠오를 때까지 달군다.

판차로티를 더해 노릇해질 때까지 8~10분가량 튀긴다.

구멍 뚫린 국자로 건져서 종이 행주에 올려 기름기를 빼고 먹는다.

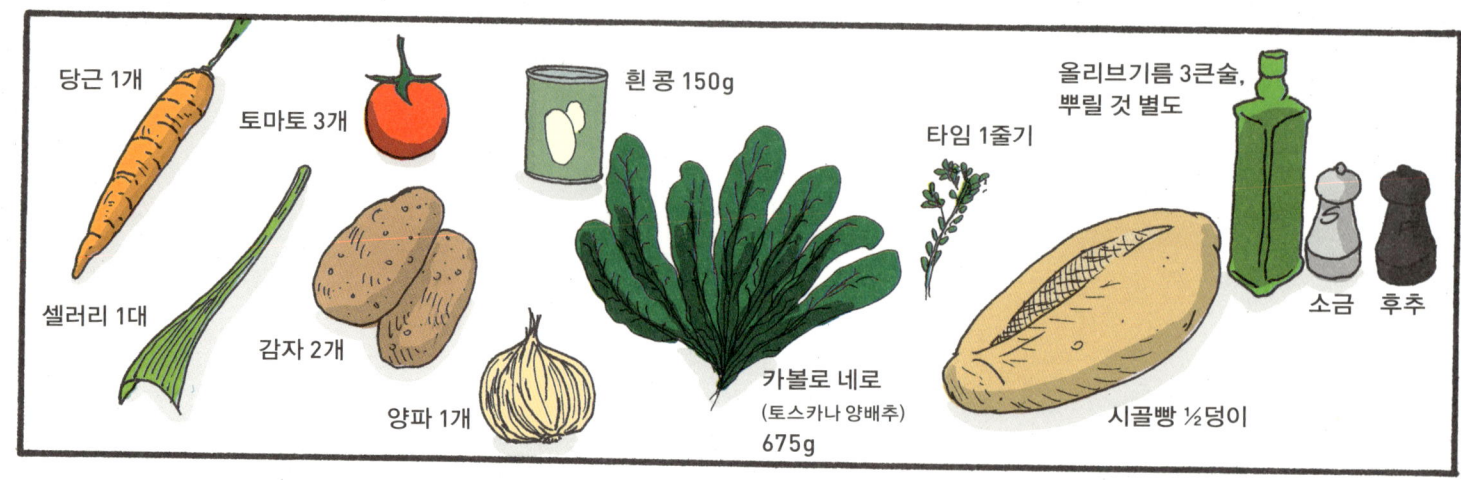

RIBOLLITA

리볼리타

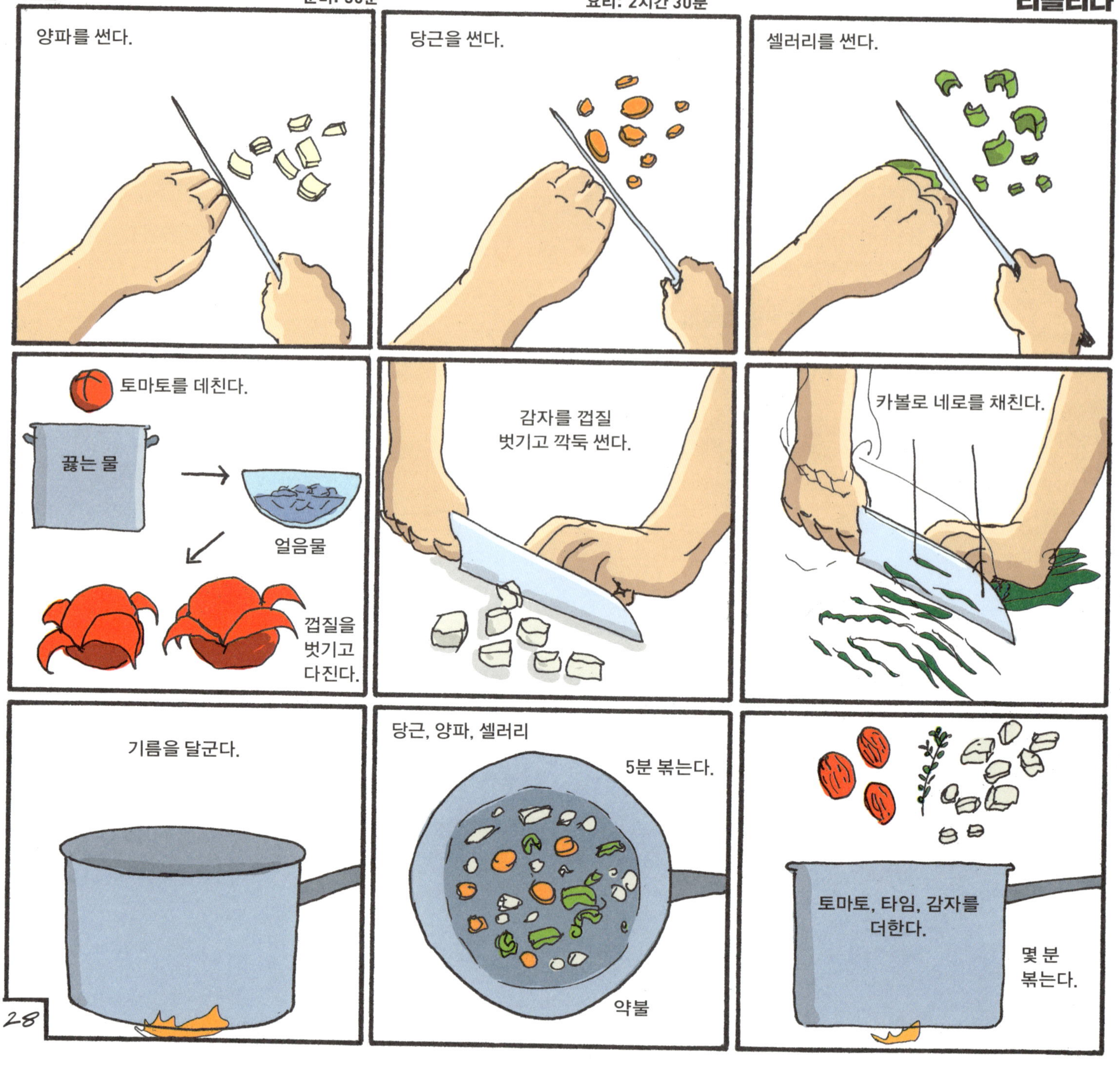

 흰 시골빵 8쪽

 바질 잎 8장

 빨갛고 단단한 토마토 4개

 엑스트라버진 올리브기름, 뿌릴 것

 소금 후추

PANZANELLA

4인분   준비: 10분   **판차넬라**

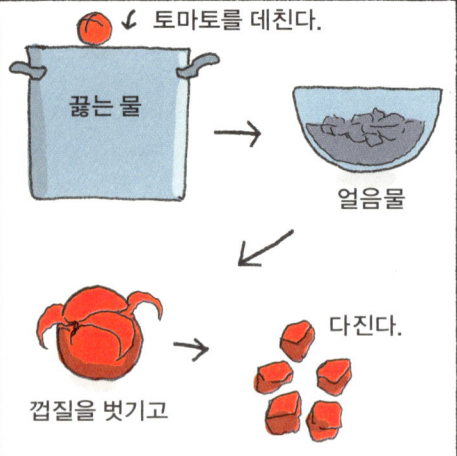 토마토를 데친다. 끓는 물 → 얼음물 → 껍질을 벗기고 → 다진다.

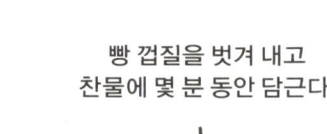 빵 껍질을 벗겨 내고 찬물에 몇 분 동안 담근다.

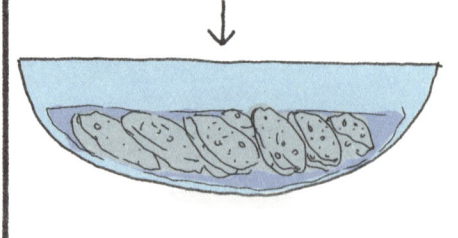

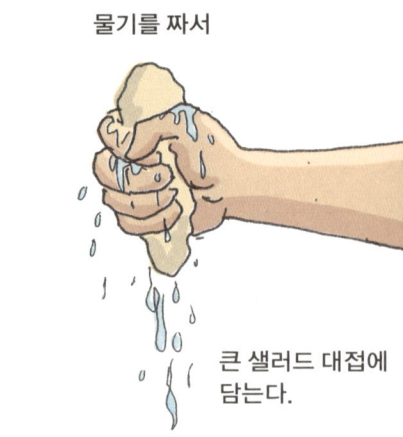 물기를 짜서 큰 샐러드 대접에 담는다.

 빵에 간한다.

 바질 잎을 솔솔 뿌린다.

 기름을 넉넉하게 뿌린다.

 포크 2개로 빵을 쪼갠다.

 토마토를 더해서…

 …먹는다.

훈제 베이컨 80g

어린 시금치 150g

흰 콩 150g

작은 양파 1개

올리브기름, 뿌릴 것

레드 와인 식초, 뿌릴 것

소금　후추

SPINACH SALAD WITH BACON & BEANS

4인분　　준비: 10분　　요리: 5분　　**베이컨과 콩을 더한 시금치 샐러드**

콩을 부드러워질 때까지

밤새 불려서 건진다.

그릴을 달군다.

제과제빵팬에

유산지를 깐다.

베이컨을 다지고　양파를 썬다.
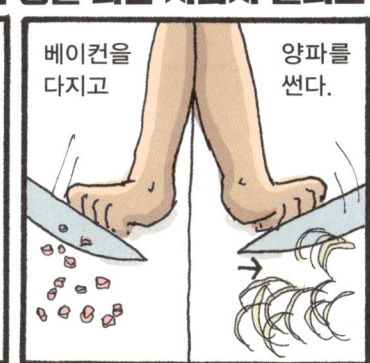

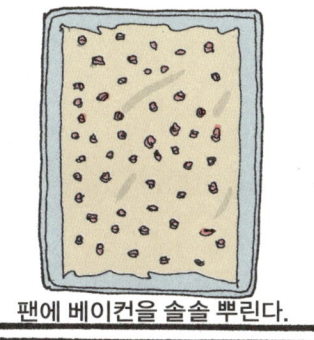
팬에 베이컨을 솔솔 뿌린다.

바삭해질 때까지 그릴에 5분 굽는다.

기름과 식초를 더하고 + 간한다.

샐러드를 살포시 버무린다.

샐러드에 베이컨을 솔솔 뿌린다.

BUON APPETITO
맛있게 먹는다.

31

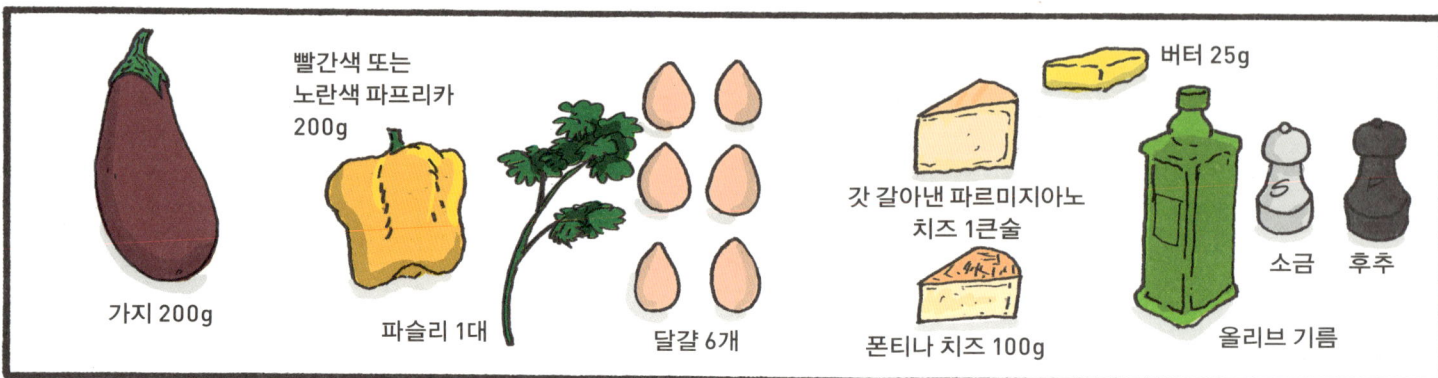

가지 200g · 빨간색 또는 노란색 파프리카 200g · 파슬리 1대 · 달걀 6개 · 갓 갈아낸 파르미지아노 치즈 1큰술 · 폰티나 치즈 100g · 버터 25g · 올리브 기름 · 소금 · 후추

FRITTATA CAKE

6인분 · 준비: 30분 · 요리: 30분

프리타타 케이크

GRILL

그릴을 달군다.

가지를 썰어 노릇해질 때까지 그릴에 굽는다.

파슬리를 다진다.

파프리카를 그릴에 구워 껍질이 시커멓게 될 때까지 그슬린다.

비닐봉지에 담아 주둥이를 여며서 식힌다.

 껍질을 벗기고
 씨를 발라
길게 썬다.

오븐을 240℃로 데운다.

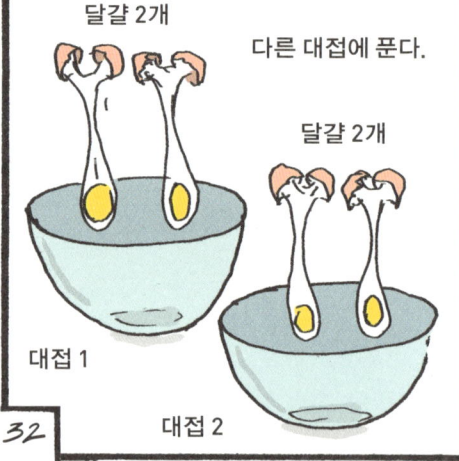
달걀 2개 — 대접 1
달걀 2개 — 대접 2
다른 대접에 푼다.

파슬리를 두 대접에 나눠 섞고 간한다.
대접 1 · 대접 2

달걀 2개를 풀고 파르미지아노 치즈를 더한 뒤 간한다.
대접 3

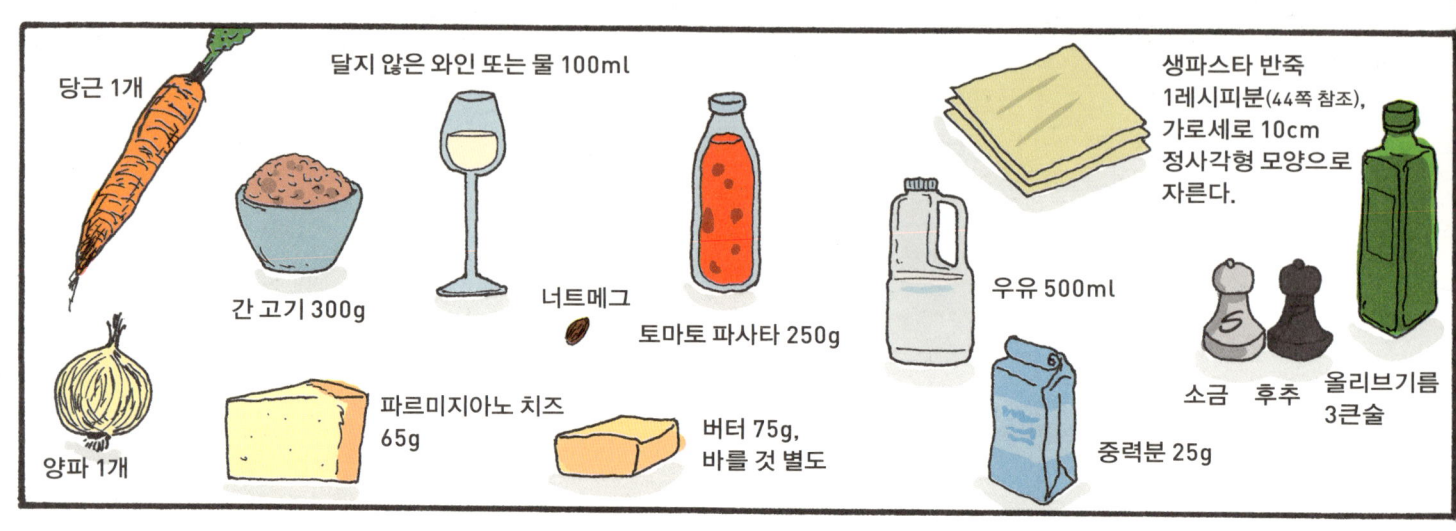

LASAGNA BOLOGNESE

볼로냐식 라자냐

4인분 준비: 2시간 50분 요리: 30분

Béchamel
베샤멜 소스

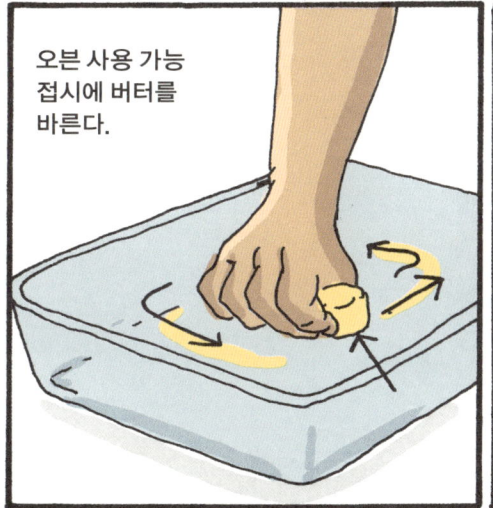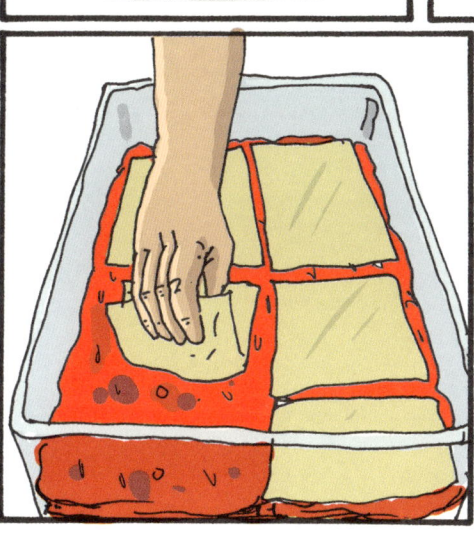

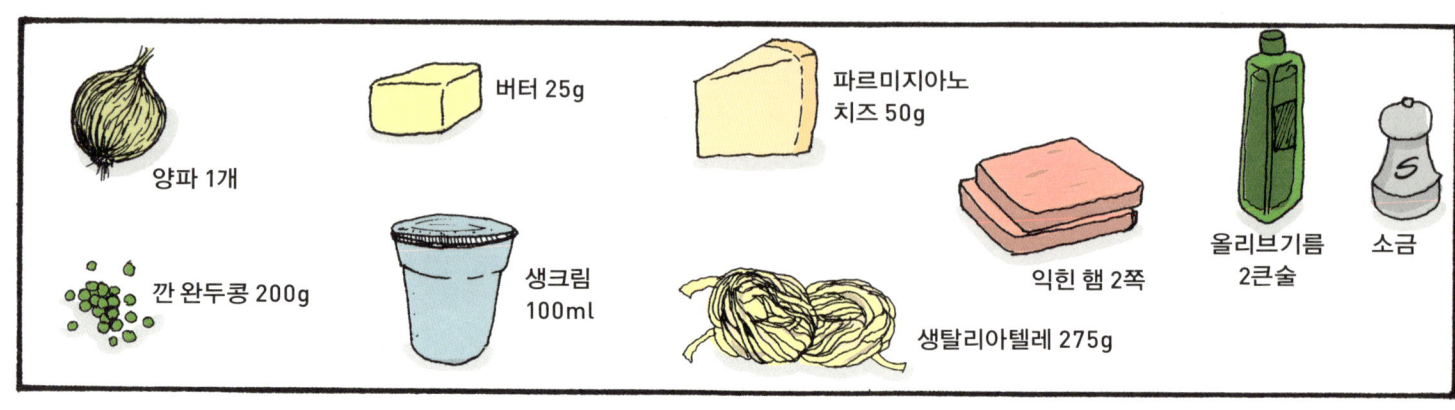

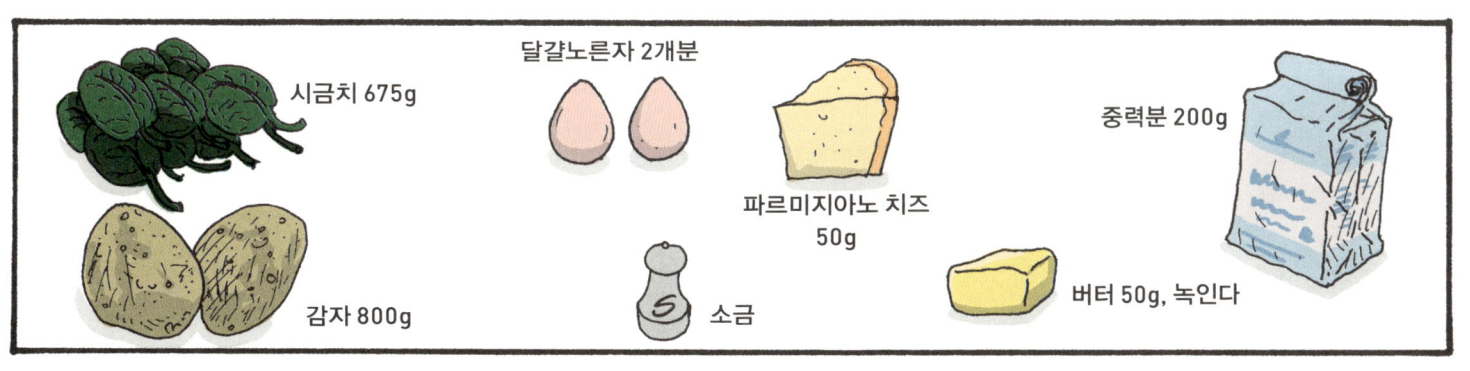

POTATO & SPINACH GNOCCHI

감자와 시금치 뇨키

4인분   준비: 40분   요리: 25~30분

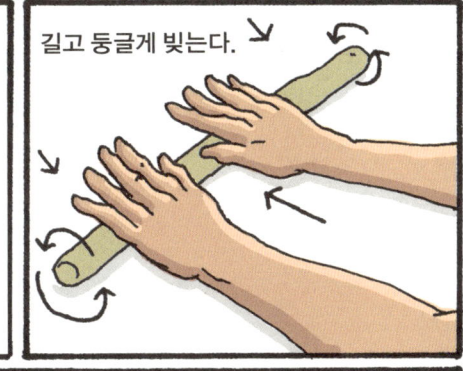

 파슬리 1줄기
 통조림 토마토 250g
 푸실리 350g
 소금 후추
 올리브기름 3큰술
 버터 25g
 파르지미아노 치즈 25g

FUSILLI WITH MUSHROOMS

4인분   준비: 20분   요리: 1시간   **버섯 푸실리**

양파를 썬다.

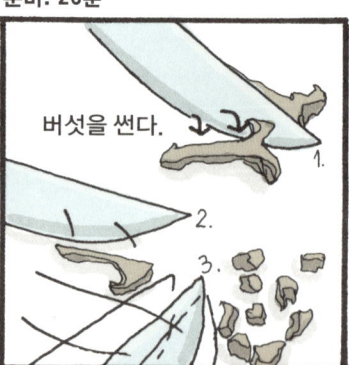
버섯을 썬다.

기름을 달군다.

토마토를 더하고 간한다.

45분 보글보글 끓인 뒤 불에서 내리고 파슬리를 더한다.

삶아서 → 건진다.
끓는 소금물

파르미지아노 치즈와 버터를 더하고 버무린다.

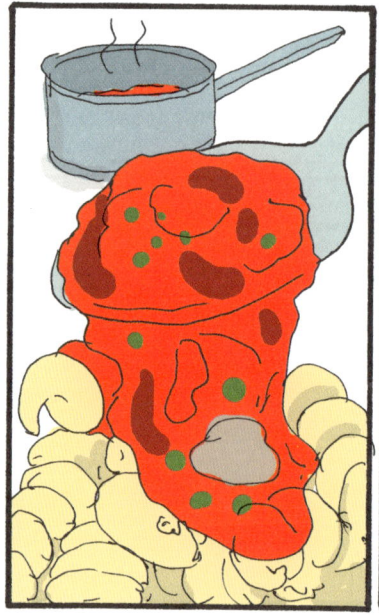

그리고 먹는다.

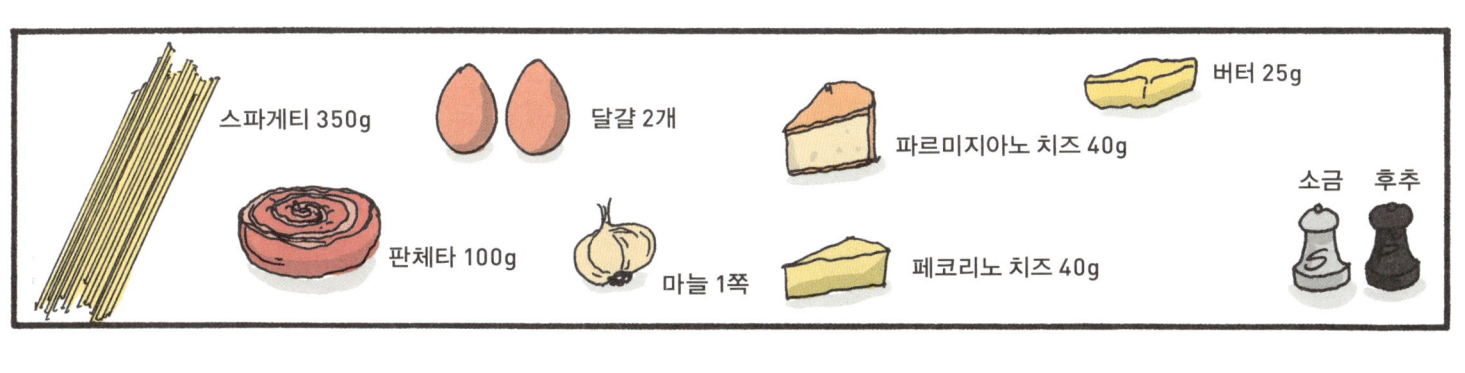

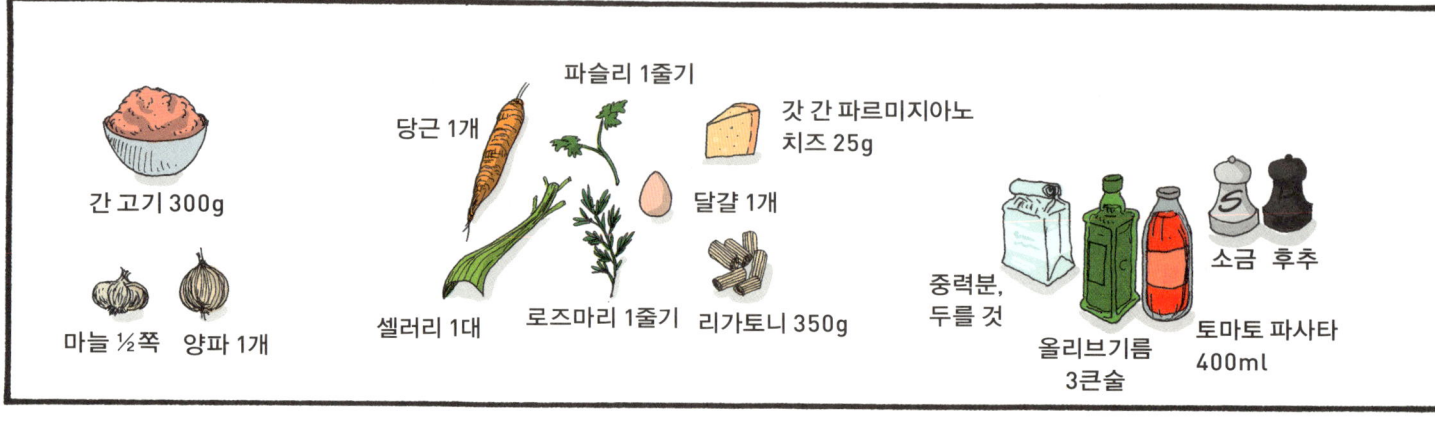

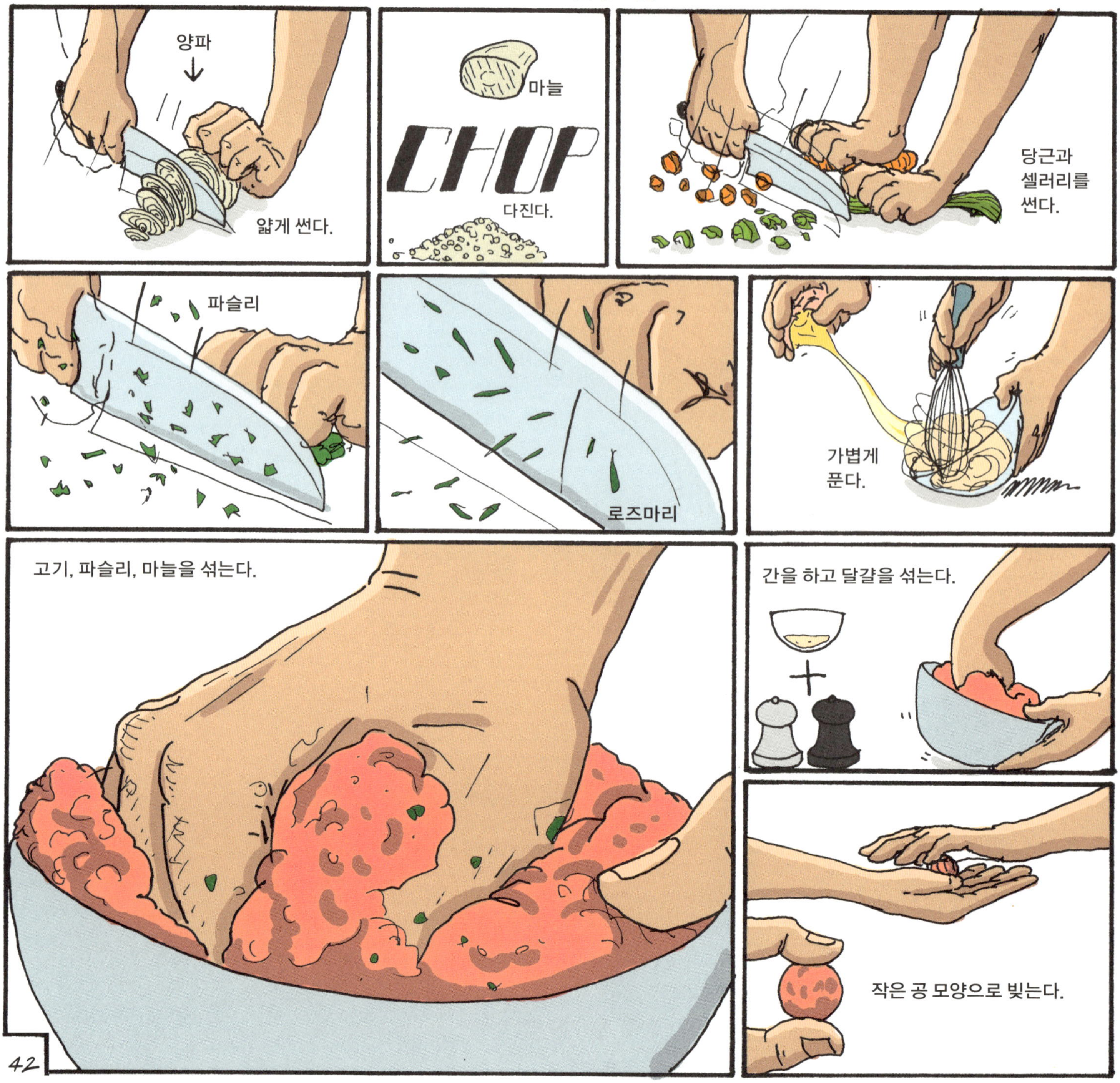

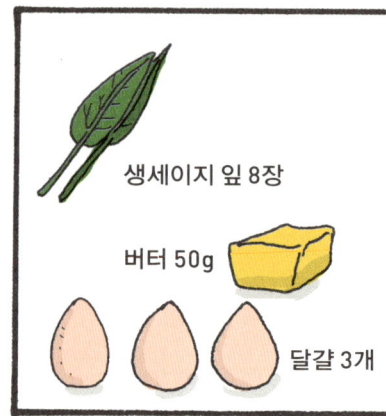
생세이지 잎 8장
버터 50g
달걀 3개

중력분 300g
파르미지아노 치즈 50g +
갓 갈아낸 파르미지아노 치즈 2큰술

시금치 1.5kg

리코타 치즈 620g

소금 후추

VEGETABLE- & CHEESE-FILLED RAVIOLI

6인분 준비: 2시간 요리: 10분 채소와 치즈 라비올리

PASTA 파스타   소 FILLING

밀가루와 소금 한 자밤을 체로 내린다.

우물을 판다.

시금치를 씻어 물기를 빼고 5분 익힌다.

달걀 2개와 노른자 1개를 섞는다.

우물에 달걀을 붓는다.

반죽한다.
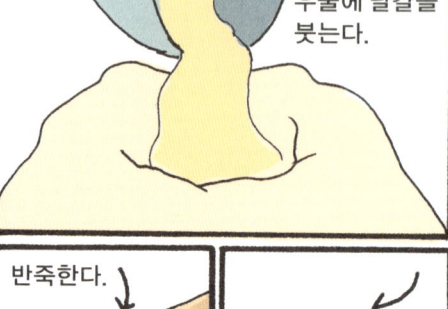

매끈해질 때까지 반죽한 다음 1시간 정도 둔다.

시금치를 다진다.

달걀을 밀가루에 섞는다.
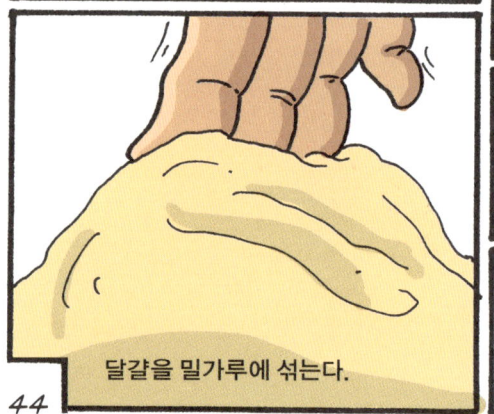

시금치에 리코타 치즈 500g을 섞는다.

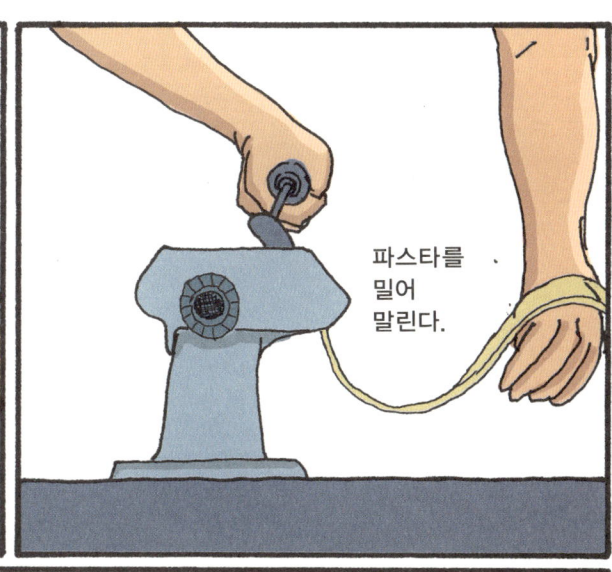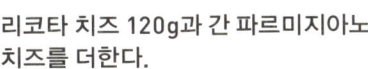

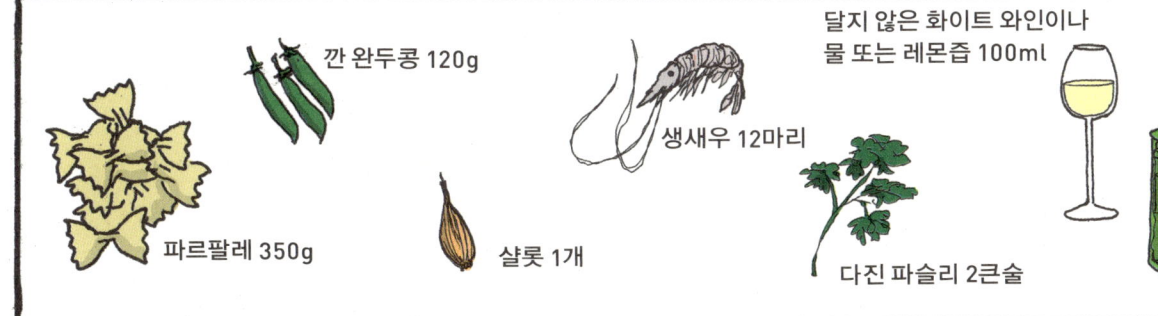

FARFALLE WITH PRAWNS

새우 파르팔레

4인분   준비: 20분   요리: 30분

완두콩을 깐다.

샬롯을 다진다.

새우 껍데기를 벗긴다. 등에 칼집을 넣고 내장을 발라낸다.

파슬리를 다진다.

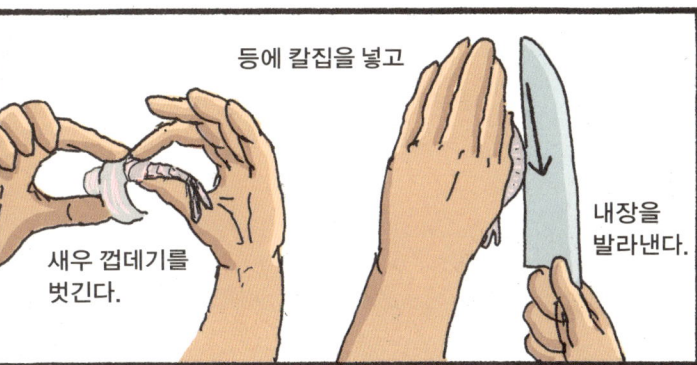

끓는 소금물에 완두콩을 5분 삶아 건진다.

올리브기름을 달군다. 샬롯 약불

완두콩을 더하고 10분간 끓인다.

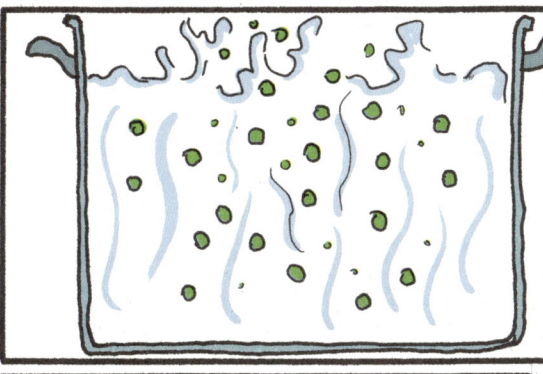

새우와 와인을 더하고 졸아들 때까지 끓인다. 그리고 3분 더 익힌다.

그사이에 파스타를 알 덴테로 삶는다. 끓는 소금물

파스타를 건져 소스가 담긴 팬에 더한다. 그리고 뒤적이며 2분간 볶는다.

후추로 간한다.

파슬리를 솔솔 뿌려서 먹는다.

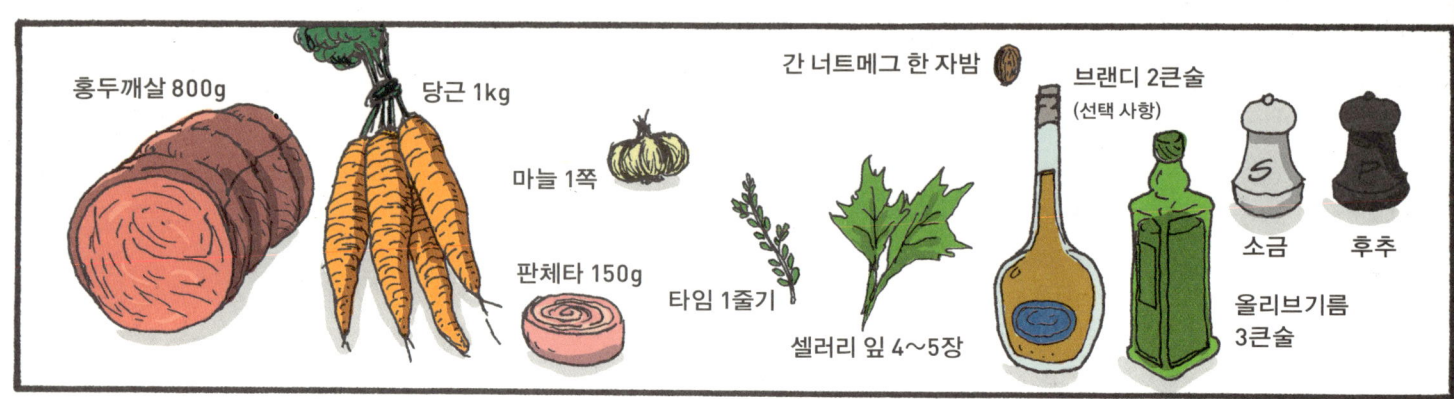

ROAST BEEF WITH CARROTS

쇠고기 통구이와 당근

6인분　　준비: 20분　　요리: 2시간 30분

팬에 더해 노릇해질 때까지 자주 뒤집으며 지진다.

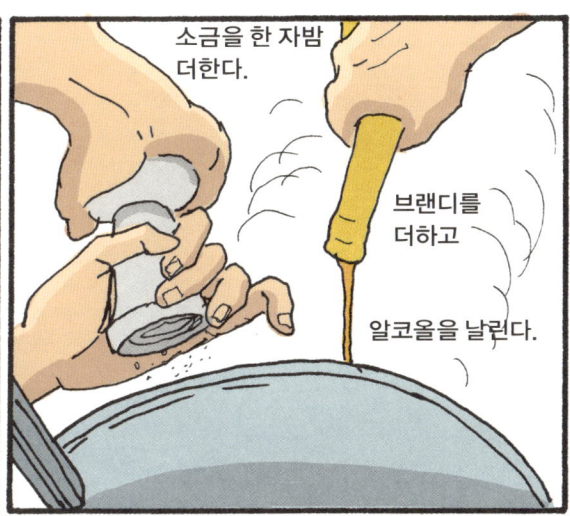
소금을 한 자밤 더한다. 브랜디를 더하고 알코올을 날린다.

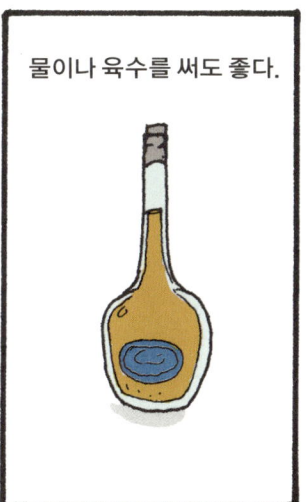
물이나 육수를 써도 좋다.

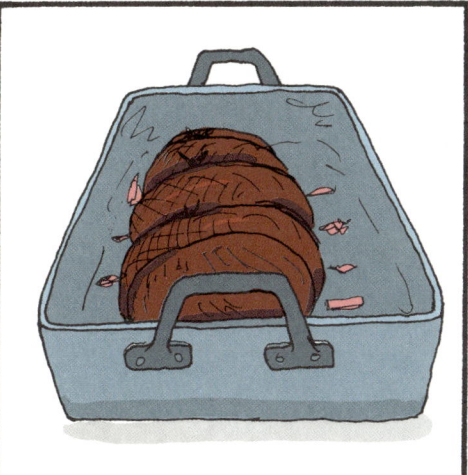

당근과 셀러리 잎을 더한다.

남은 판체타를 솔솔 뿌린다.

은박지로 덮는다.

당근이 캐러멜화될 때까지 1시간가량 굽는다.

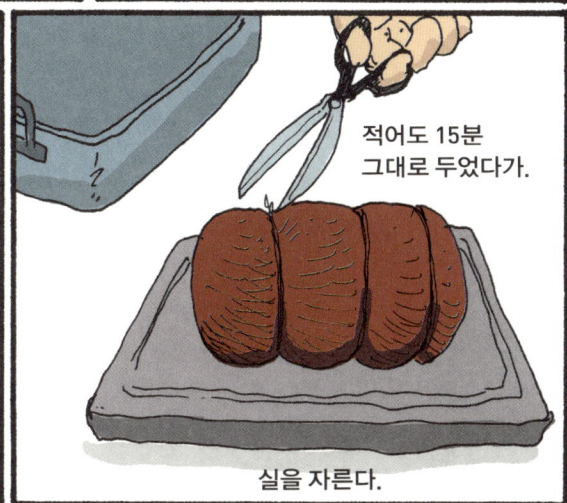
적어도 15분 그대로 두었다가. 실을 자른다.

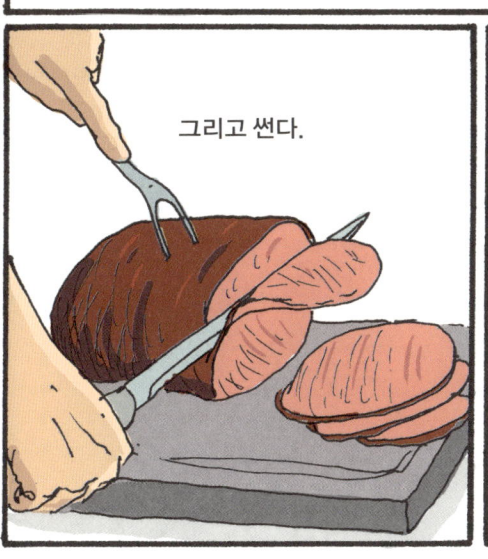
그리고 썬다.

따뜻한 접시에 담는다.

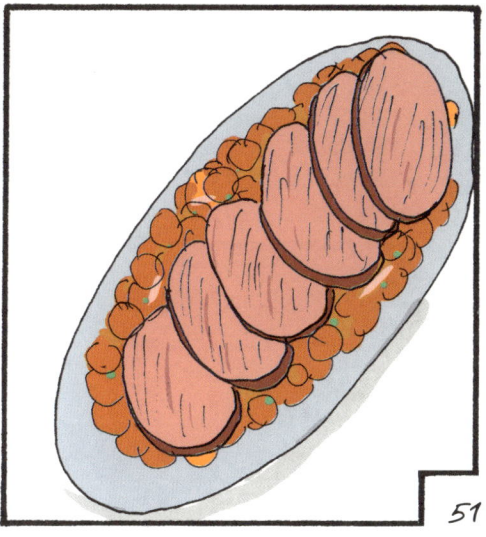

 홍합 1.5kg

 파슬리 1줄기

 후추

아주 싱싱한 홍합을 고른다.

MUSSELS MARINARA

4인분 준비: 25분 요리: 5분 **뱃사람식 홍합° 요리**

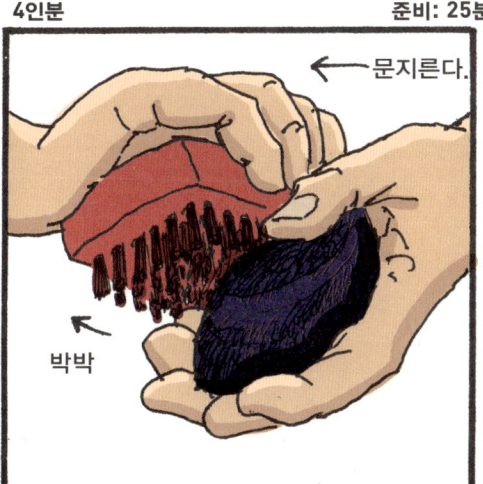
← 문지른다.
← 박박

족사는 행주로 잡아 경첩 쪽으로 당겨 뽑는다.

후추로 간한다.
물 없이 → 센불

홍합이 입을 벌릴 때까지 5분쯤 삶고

입을 벌리지 않은 건

DISCARD

버린다.

국물을 따라낸다.

고운 체에 내린다.

파슬리를 다져 국물에 더한다.
홍합에 붓는다.

먹는다.

● 엄밀하게는 자연산 '홍합'과 양식 '지중해담치'를 구분해야 하나, 지중해담치가 보통 홍합이란 이름으로 시장에서 팔리고 있고 원 레시피와 차이가 없기에 이처럼 표기했다.

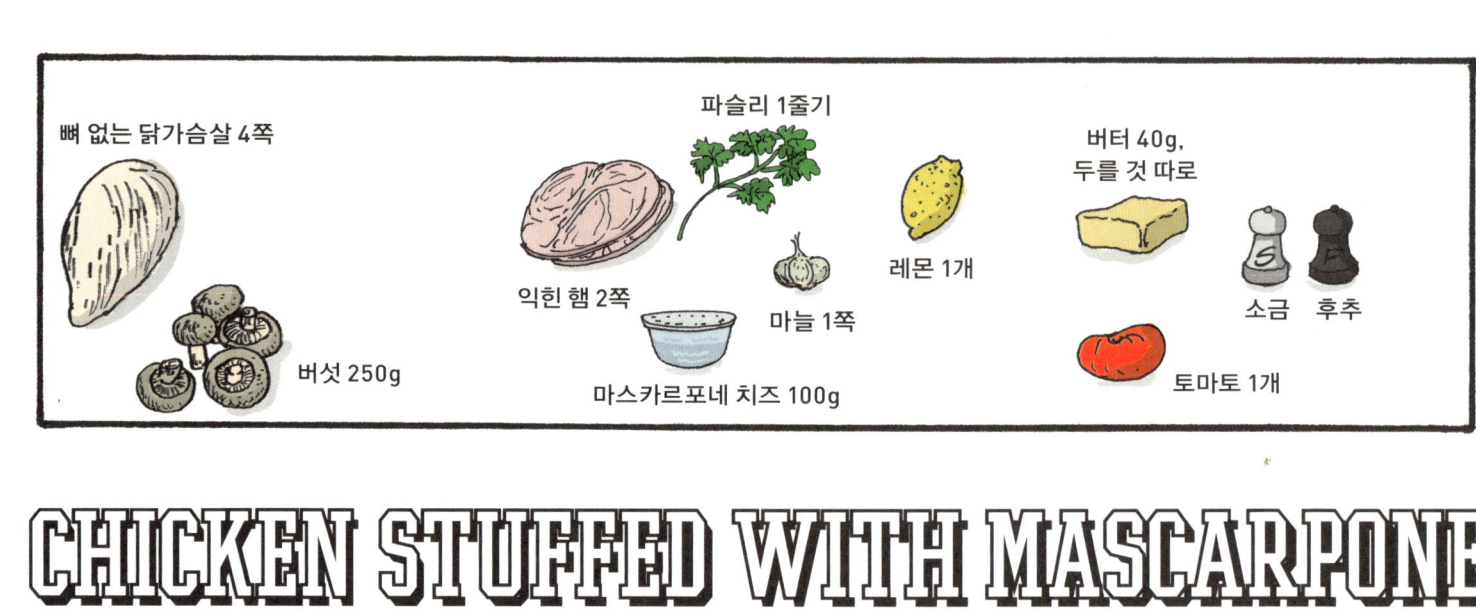

CHICKEN STUFFED WITH MASCARPONE

마스카르포네 치즈를 채운 닭가슴살

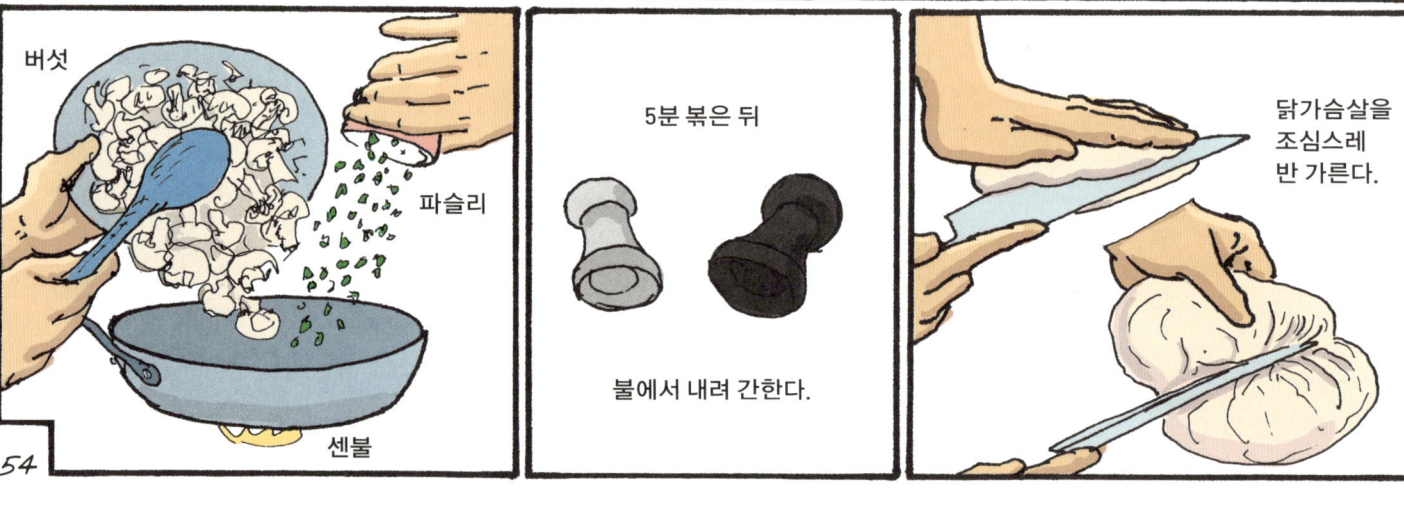

 납작하게
 두들긴다.

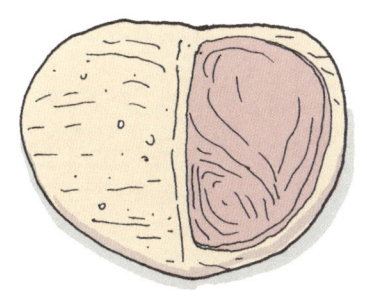 햄 반쪽을 올린다.
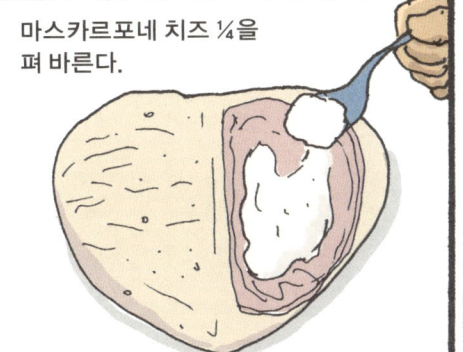 마스카르포네 치즈 ¼을 펴 바른다.
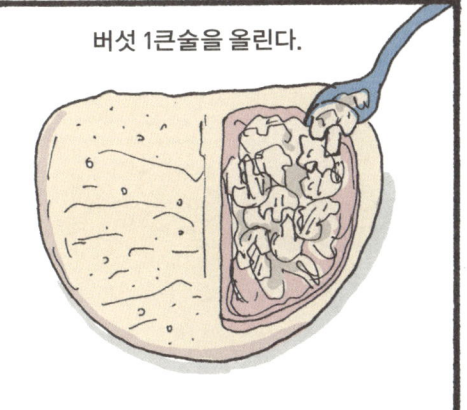 버섯 1큰술을 올린다.

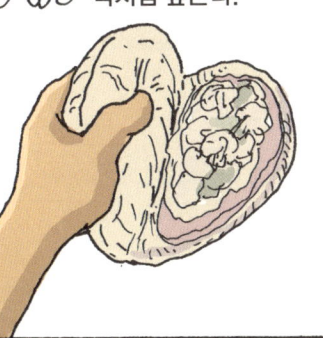 *Fold* 책처럼 덮는다.
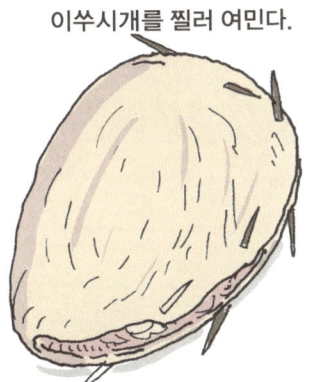 이쑤시개를 찔러 여민다.
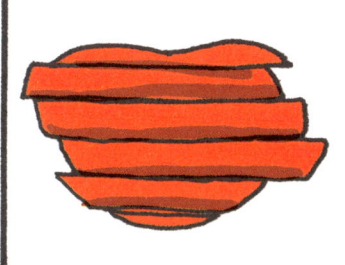 토마토를 썬다.

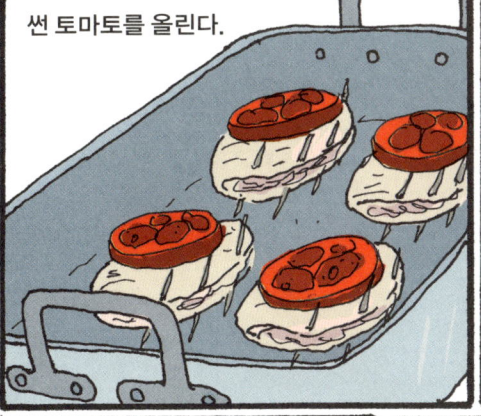 썬 토마토를 올린다.
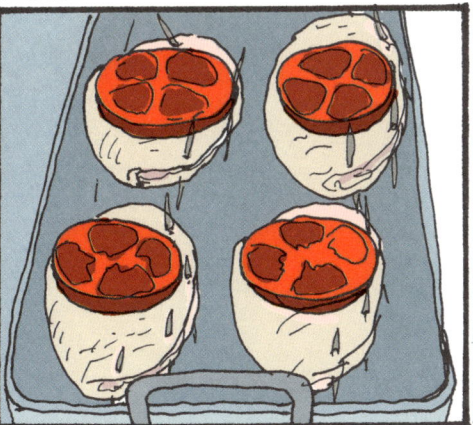
 남은 버터를 점점이 올린다.

ROAST

통구이

은박지로 덮고
15분 동안 굽는다.

그 사이 그릴을 달군다.

GRILL

은박지를 걷어 내고
노릇해질 때까지 굽는다.

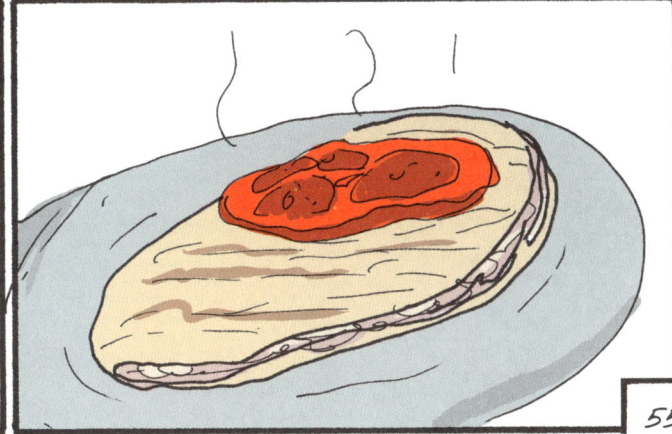

SPARE RIBS WITH POLENTA

4인분 준비: 1시간 30분 요리: 1시간 30분 **폴렌타를 곁들인 배갈비**

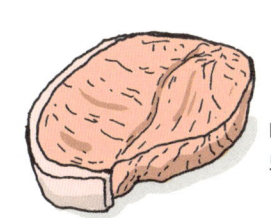 뼈 발라낸 돼지 등심 촙 4쪽

 버터 40g

 세이지 잎 6장

  소금 후추

PORK CHOPS WITH BUTTER & SAGE

4인분   준비: 10분   요리: 15분   **버터와 세이지 돼지고기 촙**

고기 망치로 **BASH** 두들긴다.

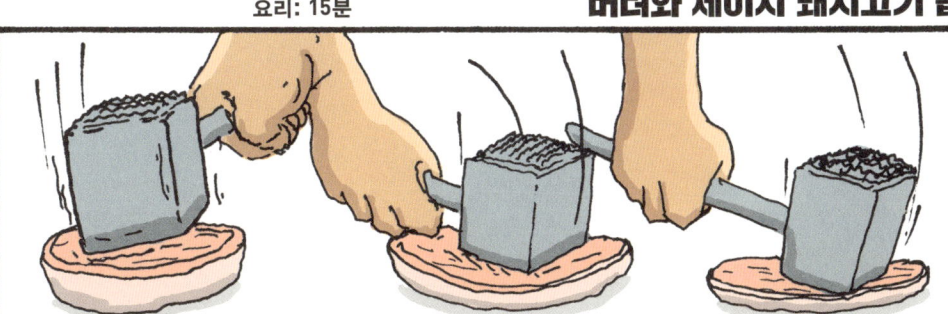

버터를 녹여 세이지를 더한다.  약불

DON'T BURN 태우지 않는다. 버터…

…또는 **…OR THE SAGE** …세이지를.

고기를 더하고 앞뒷면을 5분씩 지진다.

속까지 부드럽게 익으면 간한다.

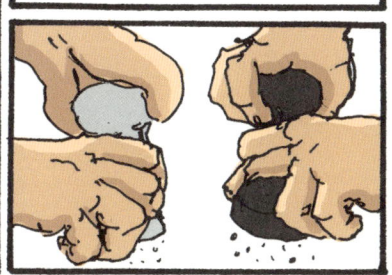

통으로 굽거나 으깬 감자와 같이 먹는다.

사보이 양배추, 브로콜리, 깍지콩도 맛있다.

GRILLED SARDINES

정어리 구이

4인분   준비: 25분   요리: 4~5분

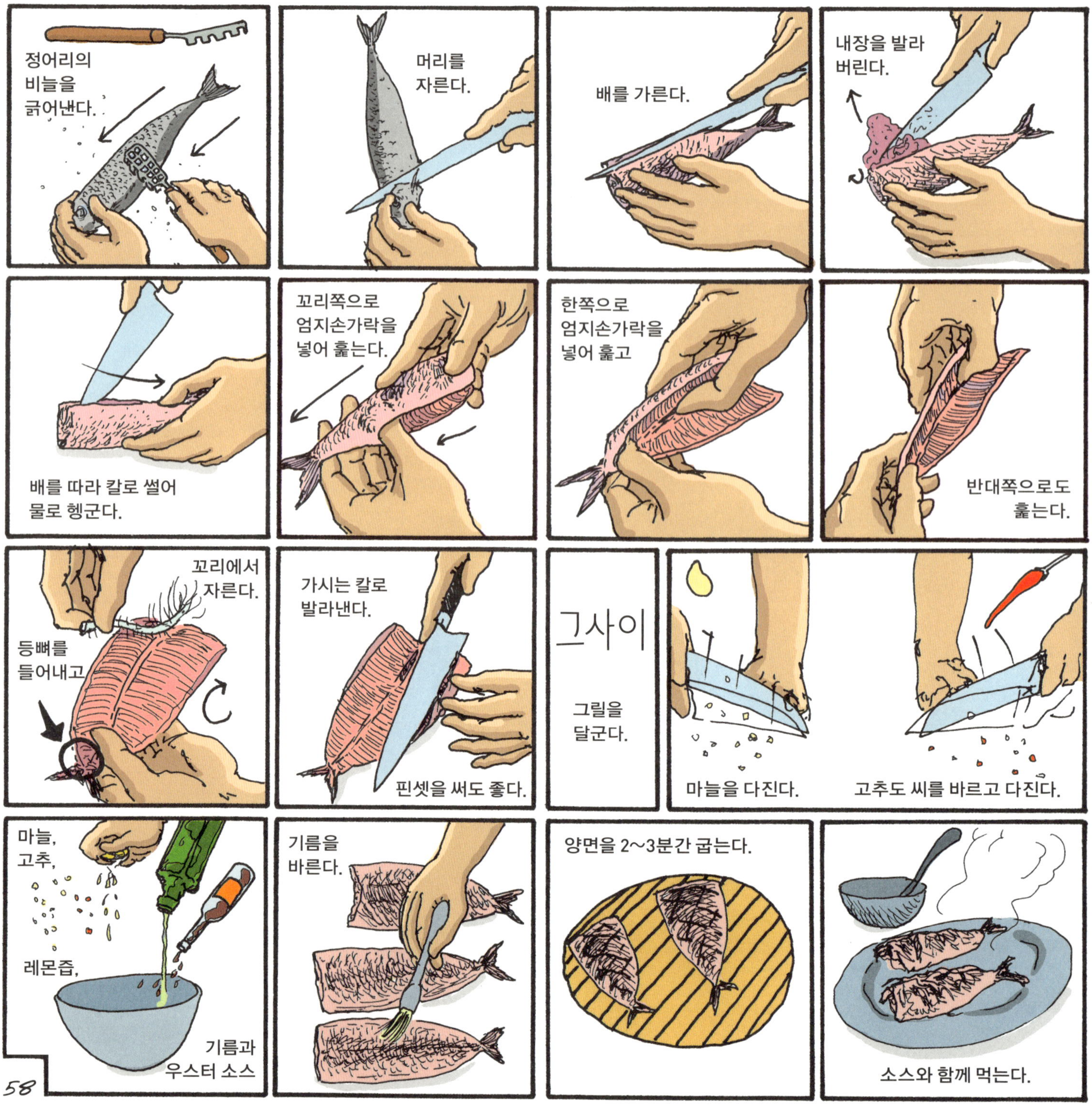

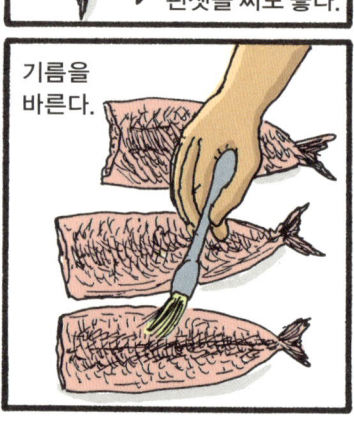

HAKE IN GREEN SAUCE

녹색 소스의 남방대구

4인분 준비: 15분 요리: 10분

CHICKEN CACCIATORE

4인분   준비: 25분   요리: 1시간   **닭고기 카치아토레**

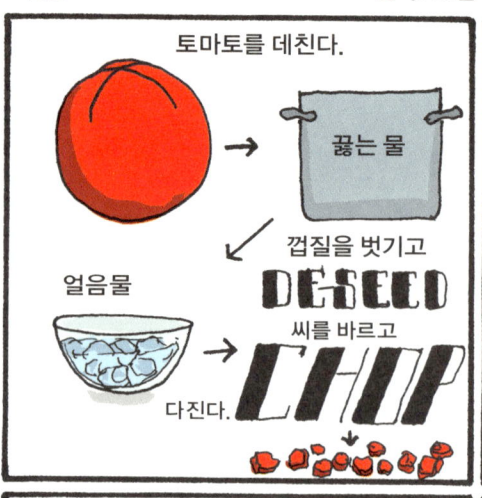

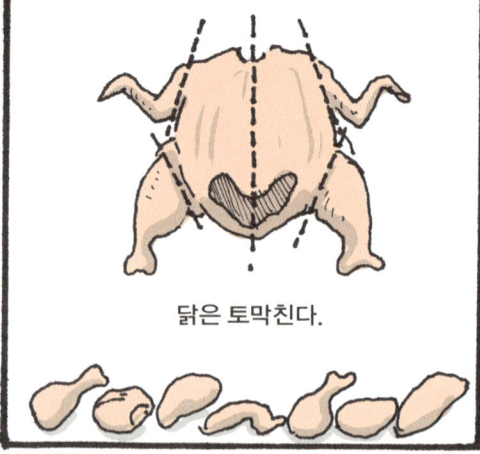

CHICKEN IN A SALT CRUST

4인분   준비: 30분   요리: 1시간 30분   **소금 껍데기 닭 통구이**

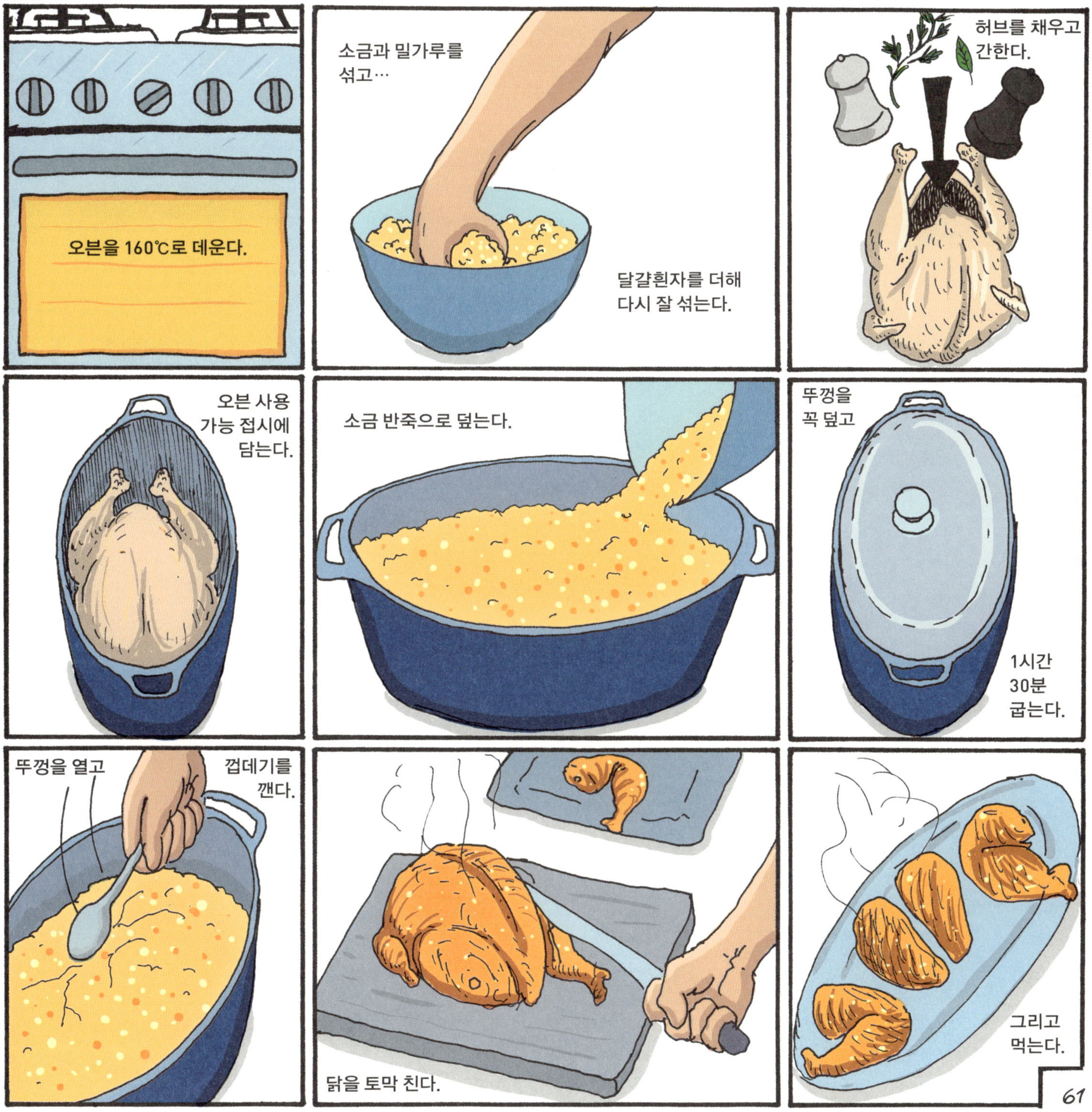

61

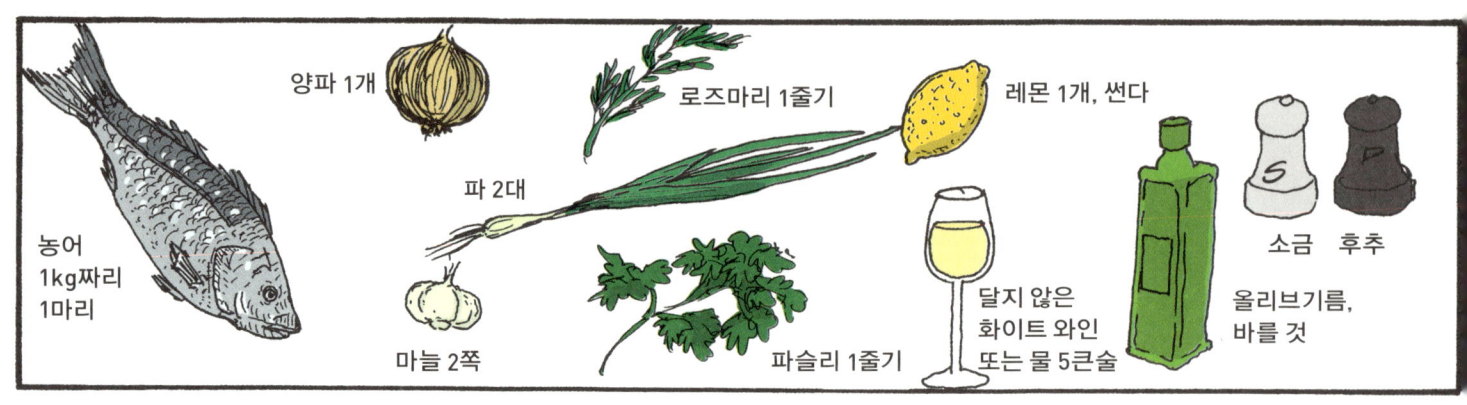

SEA BASS BAKED IN A PARCEL

농어 꾸러미 구이

SLOW-COOKED TUNA

천천히 익힌 참치

4인분   준비: 20분   요리: 55분

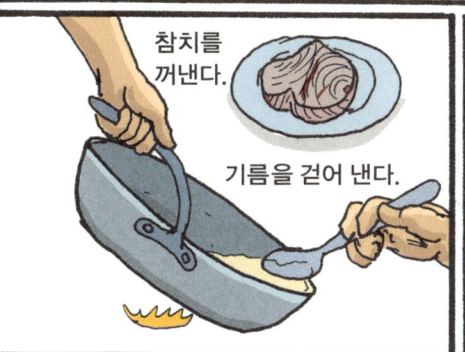

AND SIMMER
그리고 보글보글 끓인다.
30분 동안.

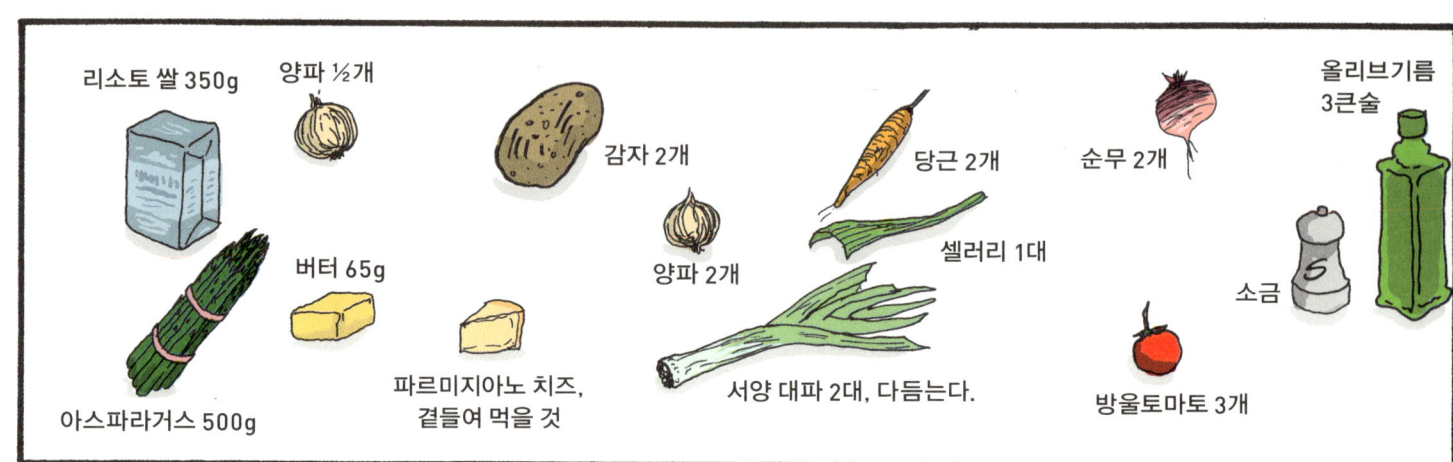

ASPARAGUS RISOTTO

아스파라거스 리소토

4인분   준비: 1시간 15분   요리: 30분

STOCK 육수
굵게 썬다.

소금 한 자밤을 더하고
물 1.5L를 더한다.

물이 졸아들면 불을 줄여 20분 동안 보글보글 끓인다.

불에서 내려 거르고
국물만 쓴다.

양파를 썬다.

아스파라거스 밑둥을 자른다.

부드러워질 때까지 아스파라거스를 10분간 삶는다.
끓인 소금물

아스파라거스의 봉우리를 잘라
따로 둔다.

줄기를 썰어 둔다.

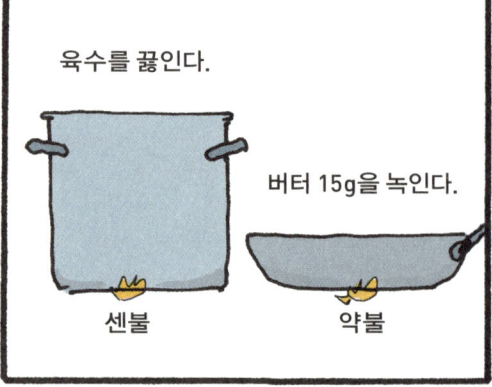
육수를 끓인다.
버터 15g을 녹인다.
센불   약불

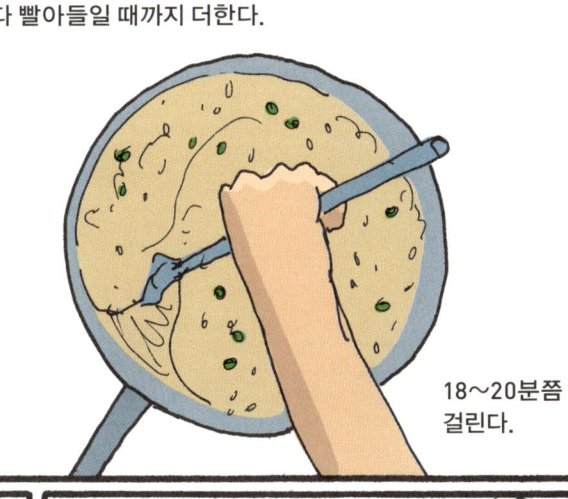

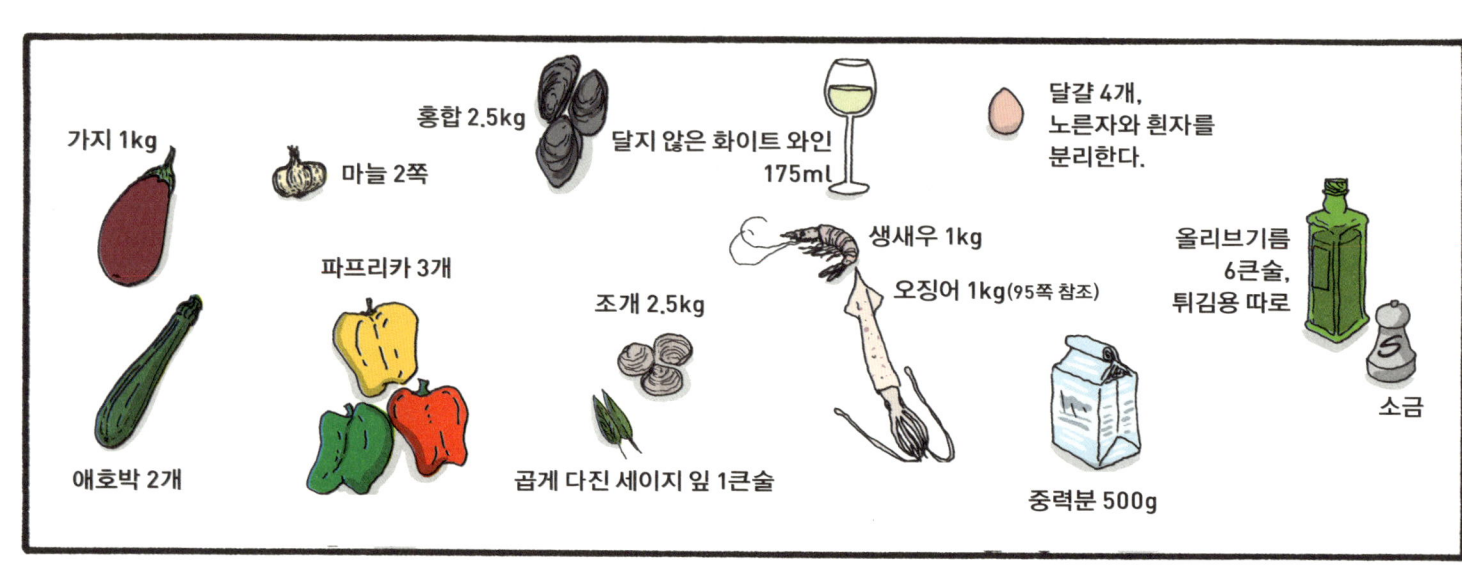

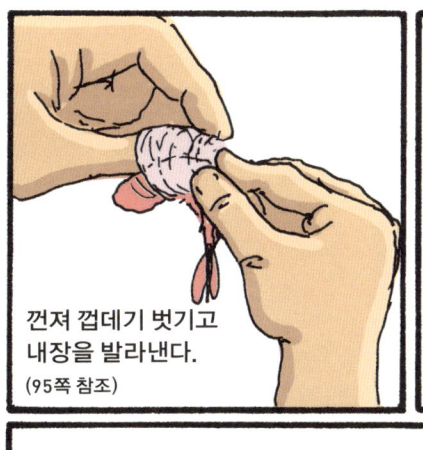
껍질 벗기고 내장을 발라낸다.
(95쪽 참조)

BATTER
튀김옷

밀가루를 체로 내린다.
소금을 한 자밤 더한다.

달걀노른자
+
물이나 와인
잘 섞는다.

다른 대접에 달걀흰자를 단단한 뿔이 설 때까지 거품기로 저어 올린다.

뿔이 선 흰자를 반죽에 포개듯 섞는다.

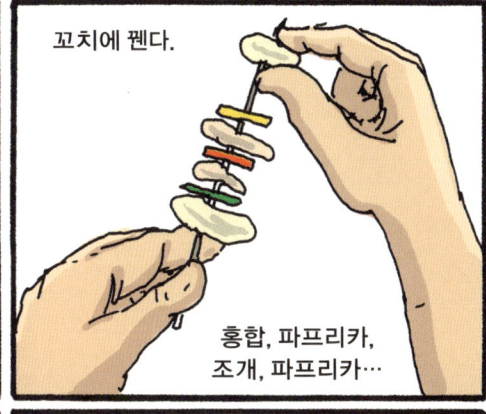
꼬치에 꿴다.
홍합, 파프리카, 조개, 파프리카…

냄비에 기름을 180℃, 또는 빵조각이 30초 만에 떠오를 때까지 달군다.

오징어에 밀가루를 두르고
1~2분간 튀긴다.

꼬치를 튀김옷에 담갔다가 털어낸다.

조심스레
뜨거운 기름에 꼬치를 담가 노릇해질 때까지 튀긴다.

새우, 가지, 애호박에 튀김옷을 입혀서 노릇해질 때까지 튀긴다.

다 튀겨지면 구멍 뚫린 국자로 건져
종이 행주에 올린 뒤 소금간한다.

접시에 담아 따뜻하게 먹는다.

67

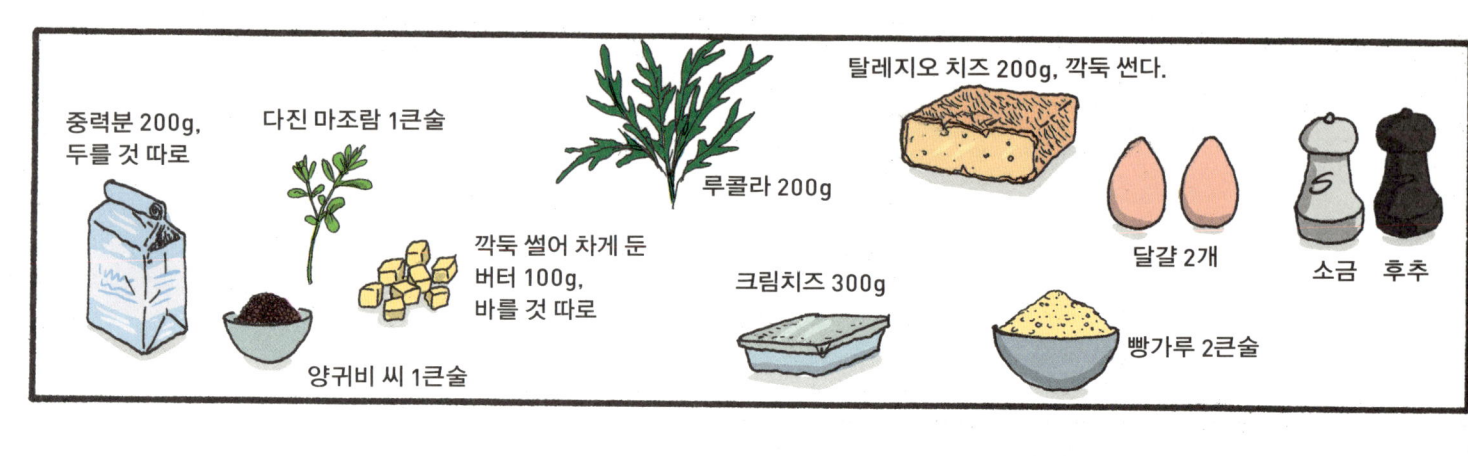

ROCKET & TALEGGIO PIE

6인분 준비: 15분, 그대로 두고 식히기 1시간 별도 요리: 40분 **루콜라와 탈레지오 치즈 파이**

마조람을 다진다.	탈레지오 치즈를 깍둑 썬다.	밀가루와 소금 한 자밤을 체로 내린다.
마조람과 양귀비 씨를 솔솔 뿌린다.	빵가루 느낌이 나도록 버터를 밀가루에 더해 손끝으로 비빈다.	물을 더해 부드러운 페이스트리 반죽을 만든다.
둥글게 빚는다.	랩을 씌워 1시간 둔다.	오븐을 180°C로 데운다.

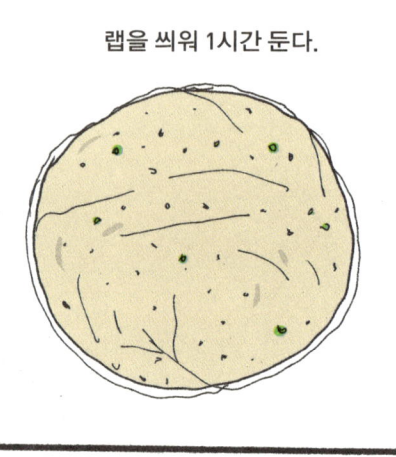

지름 20cm 타르트 틀에 버터를 바른다.

DESSERTS & BAKING

디저트와 제과제빵

무염 버터 150g

생크림 100ml

초콜릿 130g, 쪼갠다.

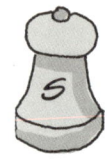
소금
중력분 200g
백설탕 80g
배 4개
그랑 마니에르 또는 오렌지 주스 4큰술
껍질 벗긴 아몬드 25g, 다진다.

CHOCOLATE & PEAR TART

8인분   준비: 1시간, 그대로 두고 식히기 1시간 별도   요리: 25분   **초콜릿과 배 타르트**

밀가루, 설탕 1큰술, 소금 한 자밤을 체로 내린다.

버터 100g을 더한다.

나이프 2점으로 번갈아 가며 버터가 작아질 때까지 꼭꼭 눌러 자른다.

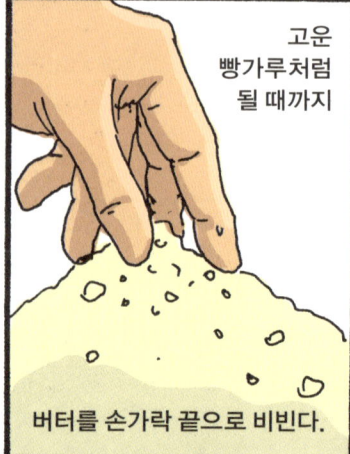
고운 빵가루처럼 될 때까지
버터를 손가락 끝으로 비빈다.

얼음물 4~5큰술을 솔솔 뿌리고
잘 섞어 반죽을 만든다.

반죽을 납작하고 둥글게 빚는다.

랩을 씌워 1시간 둔다.

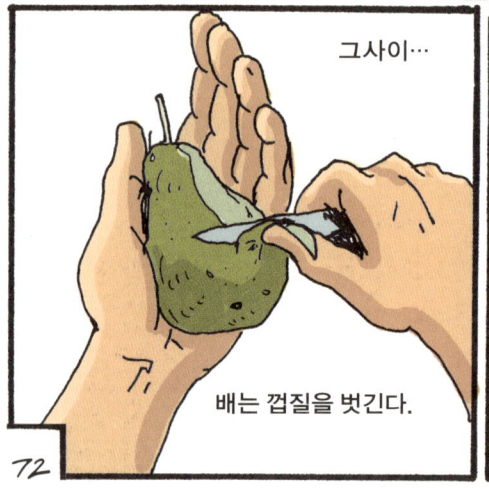
그사이…
배는 껍질을 벗긴다.

반으로 갈라 씨를 바른다.

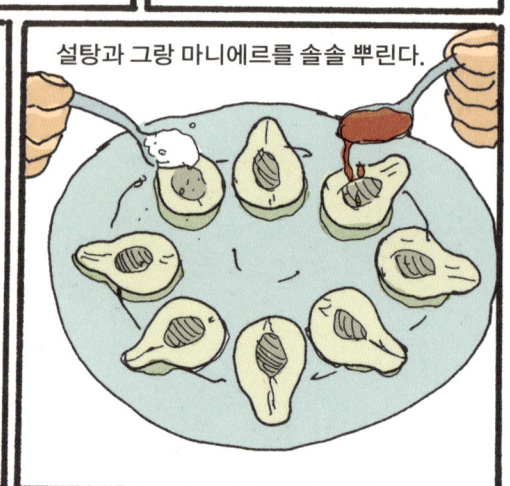
설탕과 그랑 마니에르를 솔솔 뿌린다.

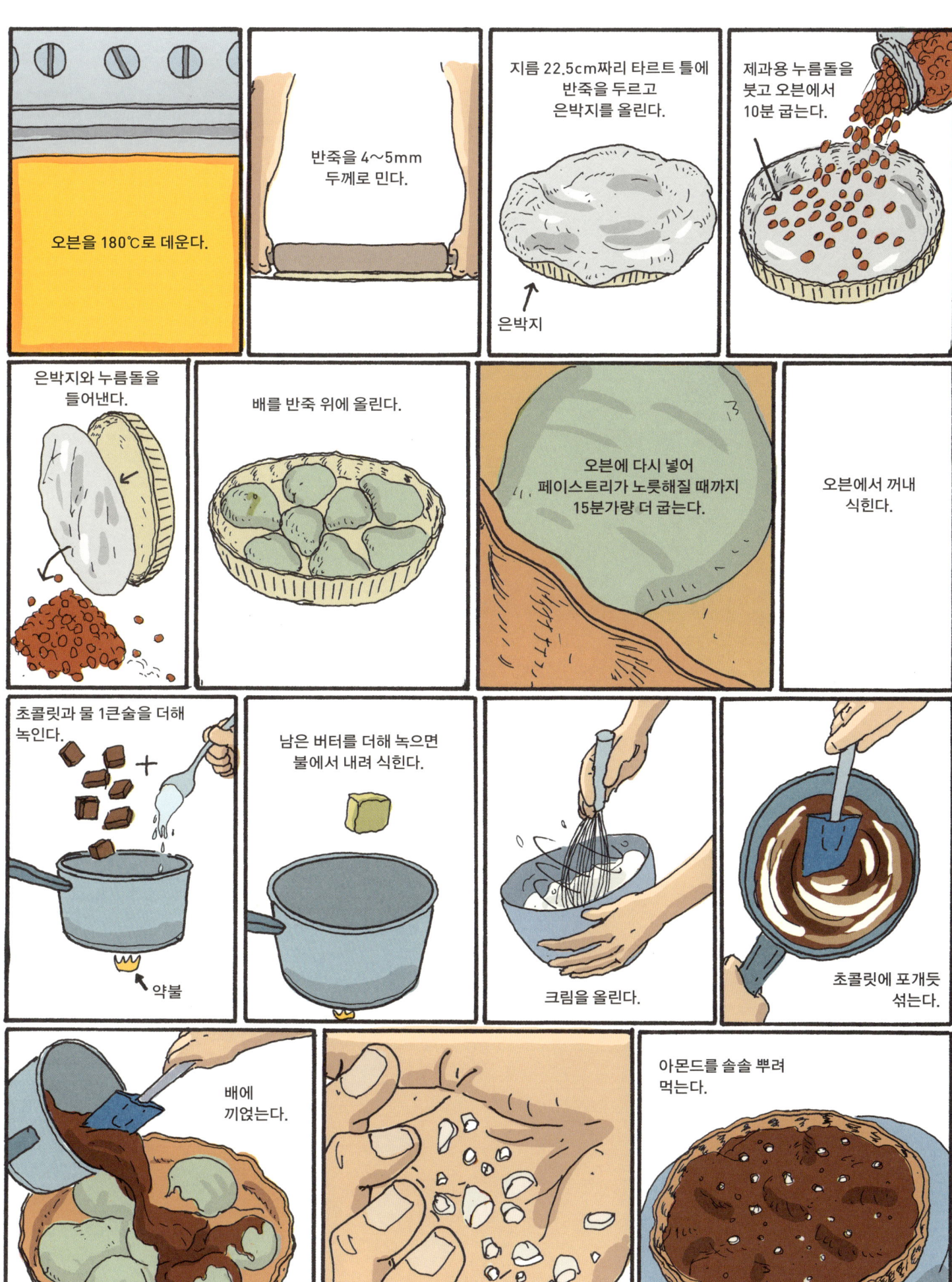

 중력분 500g

백설탕 500g

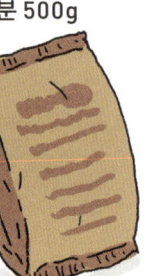 베이킹파우더 1작은술

버터, 바를 것

달걀 3개
달걀노른자 2개

소금

 통아몬드 250g

사프란 한 자밤, 부순다. (선택 사항)

CANTUCCI

칸투치

4인분 　 준비: 30분 　 요리: 30분

오븐을 160℃로 데운다.

제과제빵팬 2장에 버터를 바르고 밀가루를 두른다.

함께 체로 내린다.

우물을 파고

사프란과 달걀 2개, 노른자 1개를 더한다.

손가락으로 섞는다.

아몬드를 더하고 섞는다.

← 폭 0.75cm 두께 1cm

밀가루 두른 손으로 굴린다.

남은 달걀을 풀어 반죽에 바르고 30분 동안 굽는다.

2~3cm 폭으로 비스듬히 썰어서

10~15분 더 굽는다.

식혀 밀폐 용기에 담는다.

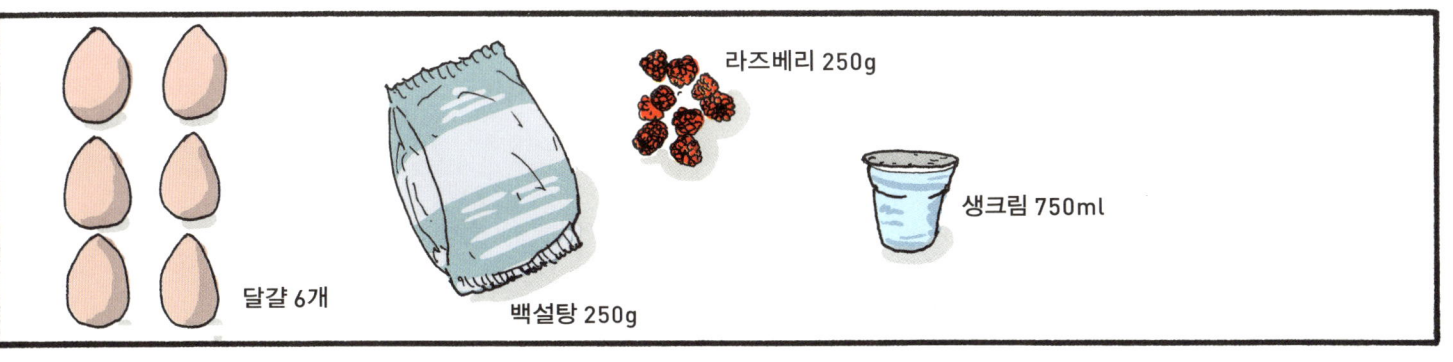

RASPBERRY SEMIFREDDO

라즈베리 세미프레도

6~8인분 준비: 30분, 얼리기 4시간 별도 요리: 10~15분

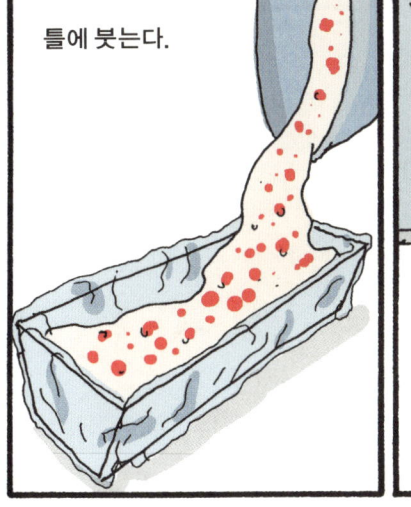

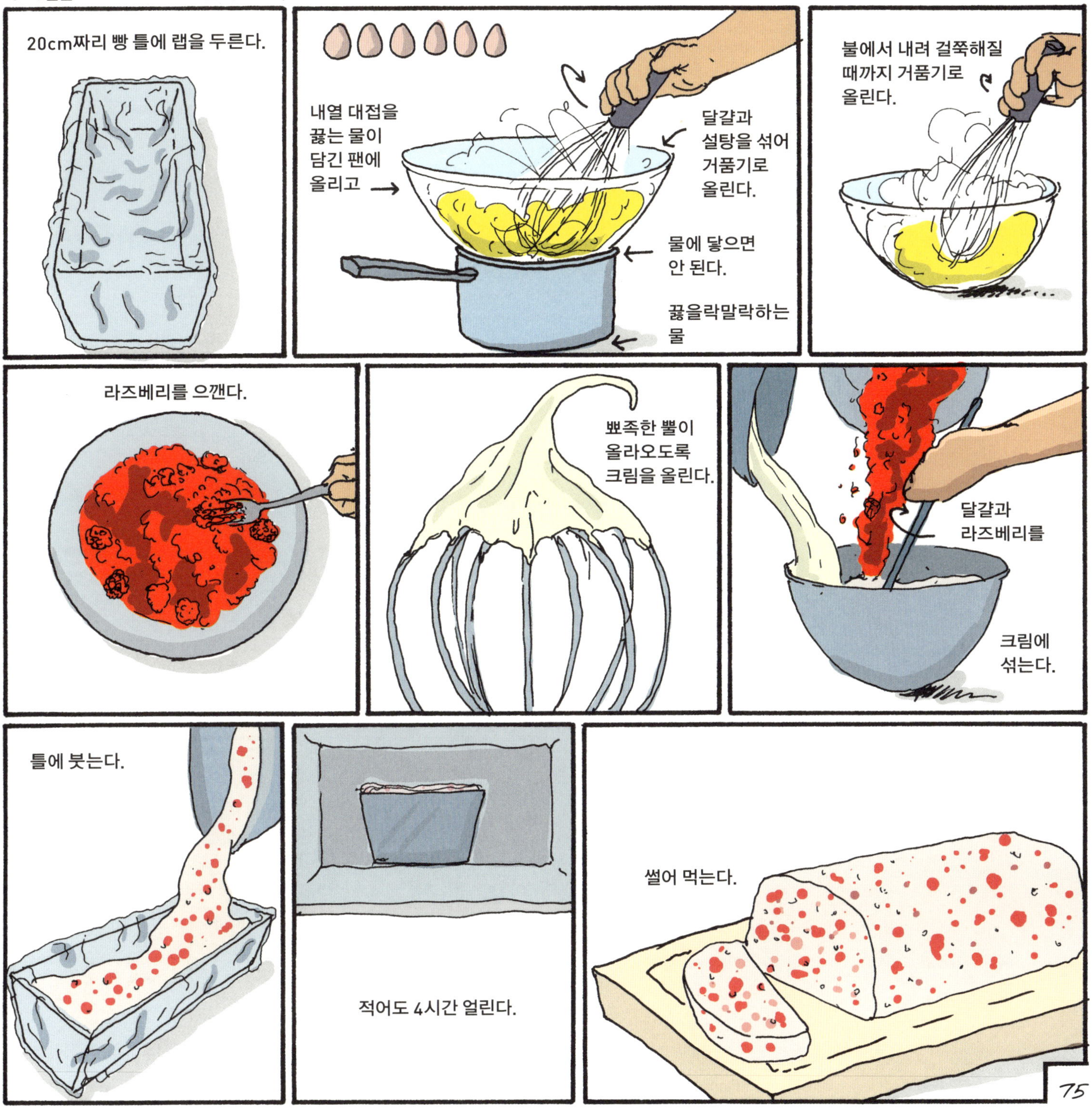

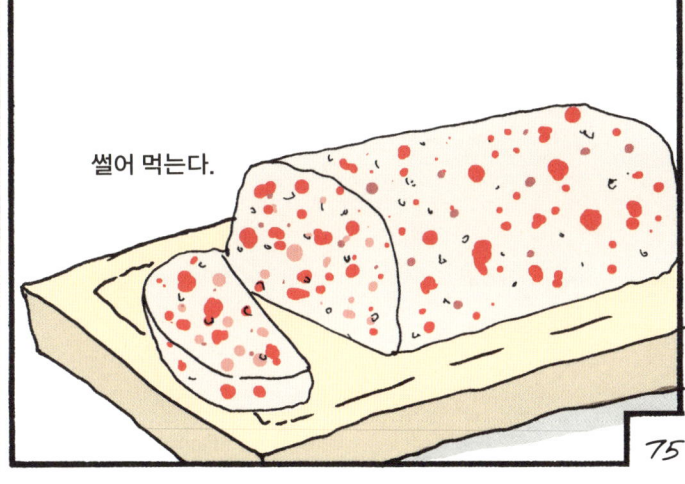

베이킹파우더가 들어 있는 밀가루 200g

(중력분에 베이킹파우더를 더해 써도 상관없다. – 옮긴이)

백설탕 150g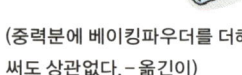

상온에 두어 부드러워진 무염 버터 80g, 바를 것 별도

사과 3개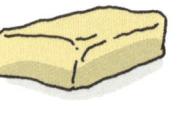

상온에 둔 달걀 3개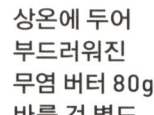

곁들일 올린 크림 (선택 사항)

APPLE CAKE

6인분   준비: 35분, 식히기 별도   요리: 40분   **사과 케이크**

오븐을 180°C로 데운다.

지름 20cm 짜리 케이크 틀에 버터를 바른다.

껍질을 벗겨 씨를 바르고

썬다.

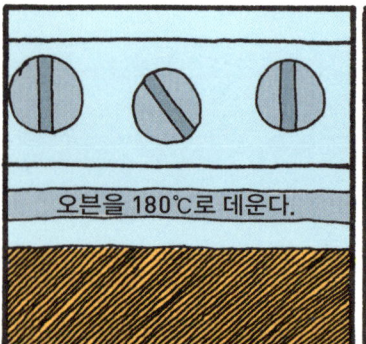  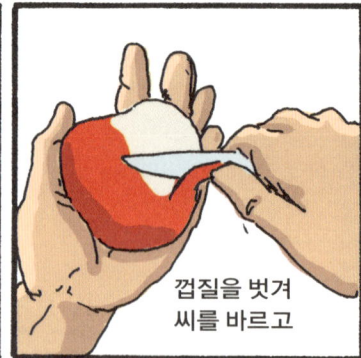 

달걀 3개 + 설탕

색이 옅어지고 부풀어 올라 띠가 생기도록 걸쭉해질 때까지 거품기로 올린다.

10~12분 정도 걸린다.

그리고 버터 1큰술을 섞는다.

멍울이 져도 괜찮다!

밀가루를 둘로 나눠 사과랑 번갈아 섞는다.

그리고 살포시 팬에 담는다.

40분 동안 *Bake* 굽는다.

그다음 식힌다.

뒤집어 꺼낸다.

크림을 곁들여 먹으면 더 맛있다.

  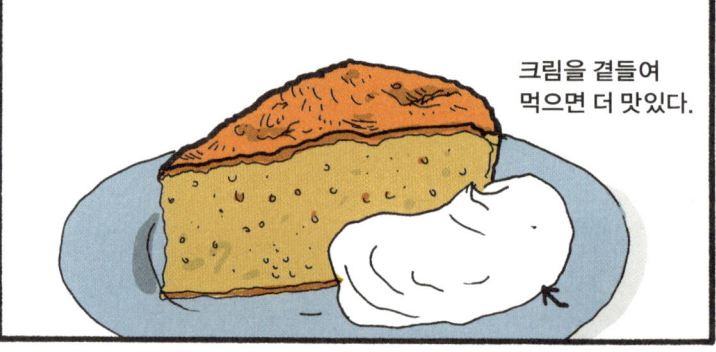

TIRAMISU

6인분   준비: 15분, 차갑게 두기 3시간 별도   **티라미수**

PANNA COTTA

6인분   준비: 35분, 굳히기 별도   요리: 40분   **판나 코타**

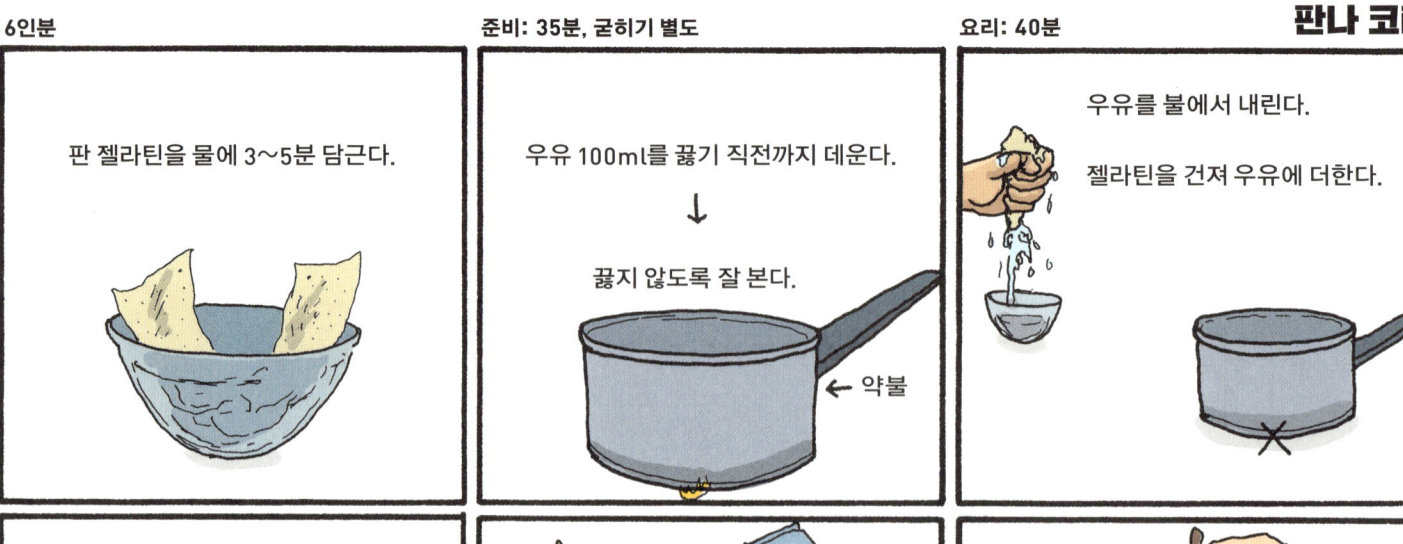

헤이즐넛 소스 판나 코타

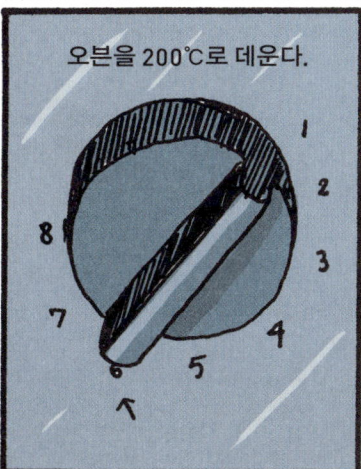
오븐을 200℃로 데운다.

달걀노른자에 설탕 100g을 더해 색이 옅어지고 부풀어 오를 때까지 거품기로 휘젓는다.

밀가루를 조금씩 더한다.

우유를 끓기 직전까지 데운 뒤 바닐라나 레몬 겉껍질을 더하고…
…불에서 내린다

뜨거운 우유를 천천히 더하고 3~4분 계속 젓는다.

걸쭉해지면 커스터드를 대접에 부어 식힌다.

헤이즐넛을 제과제빵팬에 펴 담고 노릇해지지 않도록 10분 동안 굽는다.

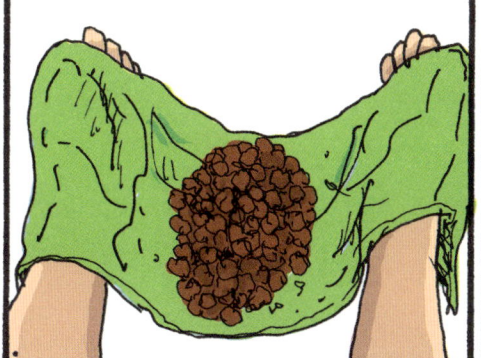
깨끗한 행주에 올리고 비벼 껍질을 벗긴다.

절구에 담아 공이로 부순다.

커스터드에 섞는다.

판나 코타를 꺼내 접시에 담고 헤이즐넛 소스를 끼얹어 먹는다.

MASCARPONE DESSERT

마스카르포네 디저트

재료:
- 마스카르포네 치즈 450g
- 백설탕 200g
- 크림치즈 225g
- 갈아낸 레몬 겉껍질 ½작은술
- 바닐라 추출액 1작은술
- 옥수숫가루 30g
- 달걀 4개
- 사워크림 120ml
- 같이 먹을 딸기

6인분 | 준비: 35분, 식히기 별도 | 요리: 40분

1. 오븐을 180°C로 데운다.
2. 지름 25cm짜리 틀 바닥에 유산지를 두른다.
3. 두 가지 치즈 + 레몬 겉껍질 + 설탕 + 바닐라를 한데 잘 섞는다.
4. *When Smooth* 매끈해지면 달걀을 하나씩 더한다.
5. 옥수숫가루를 체로 내린다. 그리고 다시 잘 섞는다.
6. (틀에 반죽을 붓는다)
7. 오븐 온도를 140°C로 내린다.
8. 1시간 동안 구운 뒤 불을 끄고 1시간 그대로 둔다.
9. 망에 올려 식힌다.
10. 냉장고에서 2시간 동안 *Chill* 식힌다.
11. 그다음 틀에서 꺼낸다. 사워크림을 얇게 펴 바른다.
12. 딸기와 먹는다.

백설탕 50g, 솔솔 뿌릴 것 별도

우유 300ml

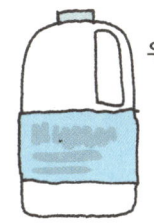

바닐라 깍지 1개, 반 가른다.

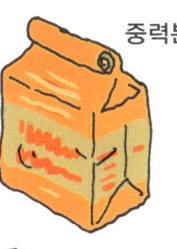
중력분 35g

소금

토로네(이탈리안 누가) 40g

무염 버터 25g, 바를 것 별도

달걀노른자 4개분과 흰자 5개분

TORRONE SOUFFLÉ

토로네 수플레

6인분　　　준비: 50분, 우려내기 30분 별도　　　요리: 40분

누가를 곱게 다진다.

오븐을 200℃로 데운다.

버터를 바르고, 설탕을 솔솔 뿌린다.

우유를 200ml를 불에 올려 끓으면 내린다.

설탕  + 소금 한 자밤 + 바닐라

뚜껑을 덮고 15분 우리고 바닐라를 건진다.

다른 팬에 밀가루와 남은 우유를 섞는다.
끓인다.

바닐라 우유를 붓는다.
빠르게 젓는다.

걸쭉해지면 불에서 내린다.

식혀서 노른자를 1개씩 더한다.

버터와 토로네를 더하고 섞는다.

달걀흰자 5개를…

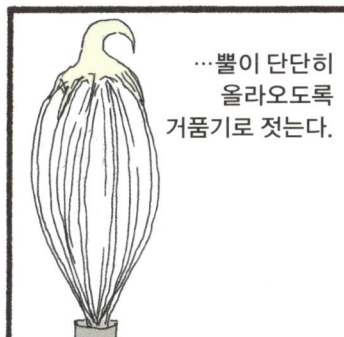
…뿔이 단단히 올라오도록 거품기로 젓는다.

우유에 달걀흰자를 포개듯 섞는다.

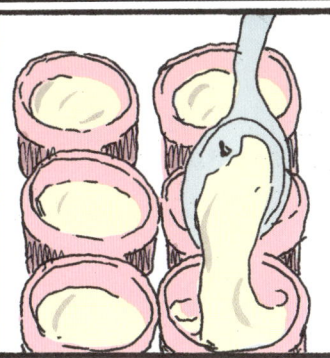

Bake 굽는다.
30분 동안.

뜨거울 때 먹는다.

 딸기 250g
 백설탕 150g
 오렌지 1개
 레몬 1개

STRAWBERRY GRANITA

4인분 준비: 35분, 얼리는 시간 별도 요리: 40분 **딸기 그라니타**

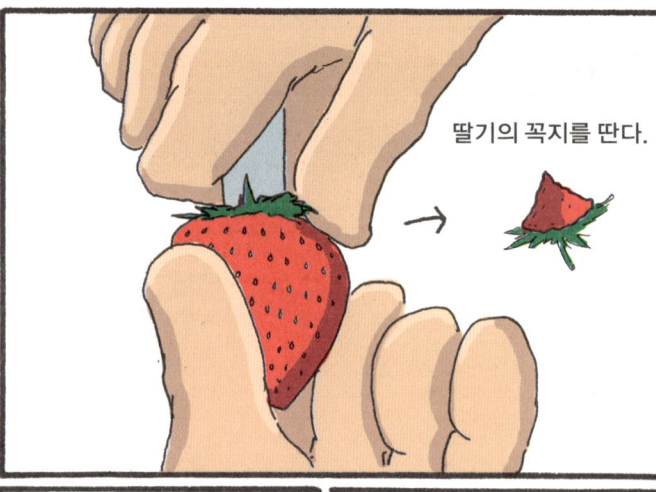 딸기의 꼭지를 딴다.

 레몬과 오렌지의 즙을 짠다.

 설탕과 물 250ml를 불에 올린다.

설탕이 녹을 때까지 끓인다.

약불에서 5~10분가량 끓인다.

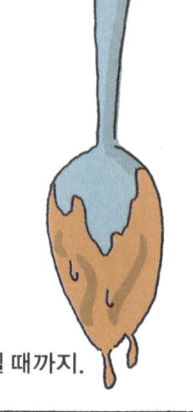 끈적한 시럽이 될 때까지.

불에서 내려 식힌다.

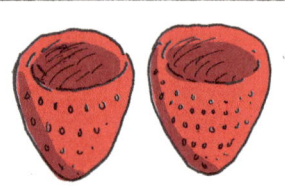
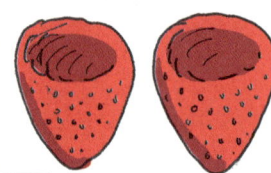 딸기 4개를 남겨 둔다.

 나머지는 나일론 체에 눌러 내린다.

레몬과 오렌지즙을 부어 섞는다.

시럽을 더해 섞는다.

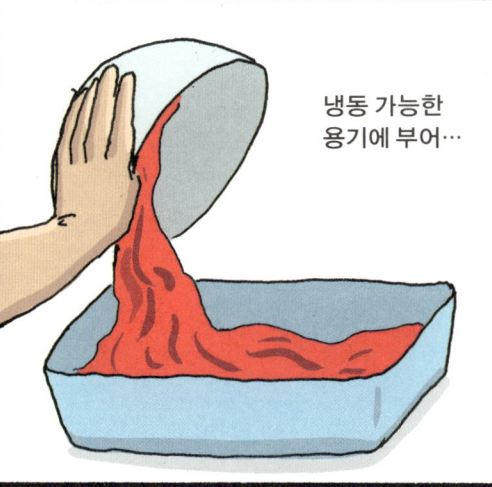
냉동 가능한 용기에 부어…

…3시간가량 얼린다.

Stir 젓는다. 30분마다.

긴 컵 4점에 나눠 떠 담아…

…딸기를 올려 장식한다.

불에서 내려 식힌 뒤

살구를 나일론 체에 눌러 내린다.

살구로도 만들 수 있다.

백설탕 200g
씨 발라 다진 살구 400g
바닐라 추출액 1작은술
레몬즙 1개분, 거른다.
박하 잎 8장

설탕과 물 200ml를 불에 올려 설탕이 녹을 때까지 끓인 뒤 살구를 더해 30분 더 보글보글 끓인다.

약불

바닐라와 레몬즙을 더한다.

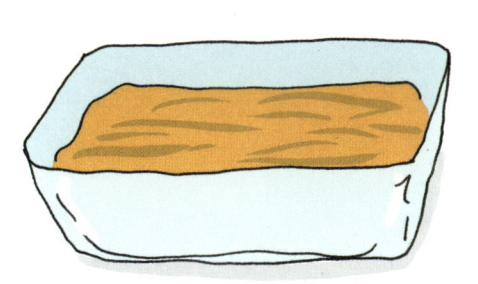
냉동 가능한 용기에 부어
30분마다 저으며 3시간 얼린다.

긴 컵 4점에 떠 담고

박하 잎을 2장씩 올린다.

83

중력분 25g, 두를 것 별도

녹인 무염 버터 50g, 바를 것 별도
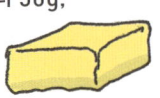

초콜릿 100g, 쪼갠다.

달걀 5개, 노른자와 흰자를 분리한다.

바닐라 깍지 1개

옥수숫가루 20g

백설탕 25g

가루 설탕 200g

CHOCOLATE DELIGHT

4~6인분   준비: 50분, 식히는 시간 별도   요리: 40분   **초콜릿 딜라이트**

바닐라 설탕 만들기

바닐라 깍지 / 설탕을 붓고 / 뚜껑을 덮는다. / 2~3일 서늘한 곳에 두었다가 쓴다.

오븐을 150℃로 데운다. 밀가루를 두른다.

버터를 녹인다. 약불.

내열 대접에 초콜릿을 녹인다. 물에 닿으면 안 된다. 끓을락 말락하는 물.

달걀노른자 + 바닐라 설탕 + 가루 설탕 100g 더하고 섞는다.

버터와 초콜릿도 섞는다.

밀가루와 옥수숫가루를 체로 내려 잘 섞는다.

단단한 뿔이 올라올 때까지 달걀흰자를 거품기로 올린다.

남은 가루 설탕을 섞는다.

초콜릿에 살포시 포개듯 섞는다.

틀에 붓는다.

Bake 굽는다.

40분 동안.

오븐에서 꺼내 망에 올려 식힌다.

쐐기 모양으로 썰어 먹는다.

Chill 냉장고에서 식힌 뒤 뒤집어 꺼낸다.

85

 중력분 225g, 두를 것 별도

 백설탕 200g

달걀노른자 6개분

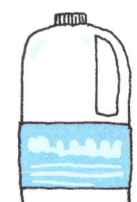 우유 500ml

 블랙베리 1kg

라즈베리잼 200g

무염 버터 100g, 상온에서 부드러워지면 잘게 썬다. 바를 것 별도

 바닐라 추출액 몇 방울 또는 갈아낸 레몬 껍질

 갈아낸 레몬 껍질 2작은술

 소금

BLACKBERRY TART

블랙베리 타르트

6인분 · 준비: 2시간 30분 · 요리: 45~60분

쇼트크러스트 페이스트리를 만든다.

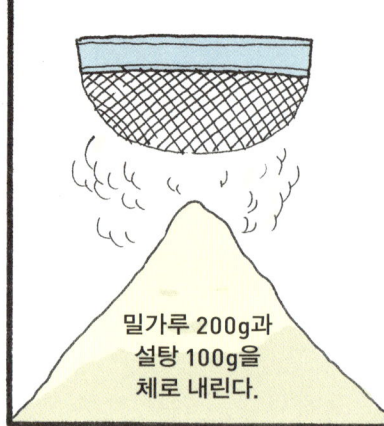 밀가루 200g과 설탕 100g을 체로 내린다.

달걀노른자 +  +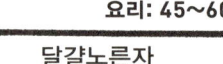
버터 100g 레몬 껍질 2작은술과 소금 한 자밤

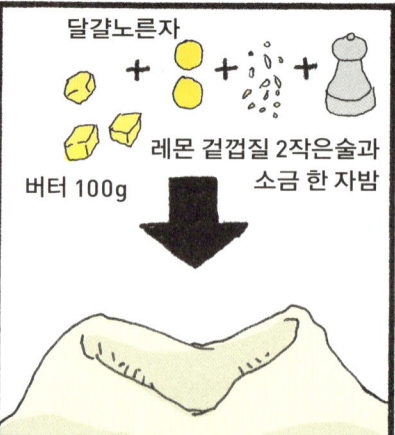 잘 섞는다.

반죽한다.

 랩으로 싸서 냉장고에 1시간 둔다.

그사이에

커스터드를 만든다.

 달걀노른자 4개와 설탕을 팬에 담아 색깔이 옅어지고 부풀어 오를 때까지 거품기로 휘젓는다.

 밀가루를 천천히 더한다.

 다른 팬에 우유를 끓인다.
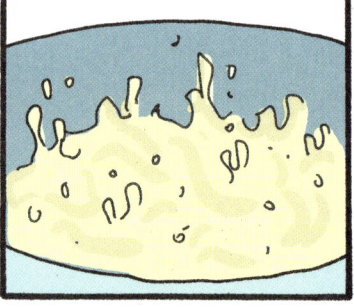

 바닐라나 레몬을 더하고 불에서 내린다.

뜨거운 우유를 달걀에 천천히 붓고 걸쭉해질 때까지 3~4분간 끓인다.
약불

내열 대접에 담아 가끔 저으며 식힌다.

오븐을 180°C로 데운다.

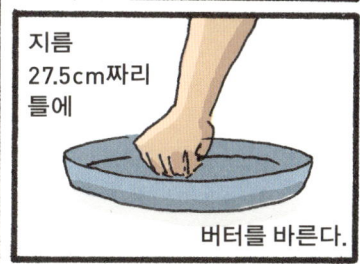
지름 27.5cm짜리 틀에
버터를 바른다.

밀가루를 가볍게 두른 작업대에서 페이스트리를 민다.

팬에 두르고 바닥을 포크로 찌른다.

식은 커스터드를 붓는다.

Bake 굽는다.

35~40분 동안.

그 사이 블랙베리 350g을 남겨 두고

나머지를 푸드 프로세서에 간다.

블랙베리 퓌레 + 잼
대접에 섞는다.

타르트를 오븐에서 꺼내 망에 올려 식힌다.

블랙베리와 잼을 구운 커스터드 위에 펴 바른다.

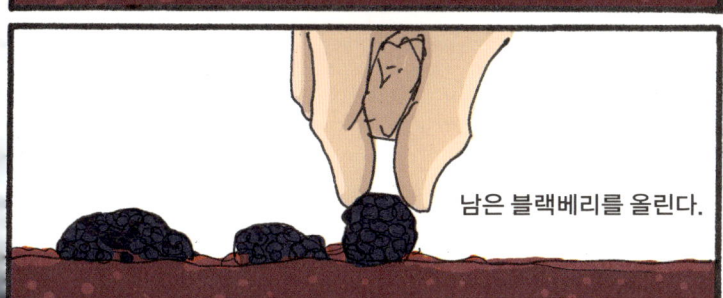
남은 블랙베리를 올린다.

맛있게 먹는다.

 숲의 과일 500g (딸기, 블랙베리, 라즈베리, 블루베리)
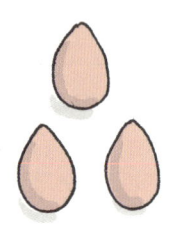 달걀노른자 3개분
 백설탕 65g
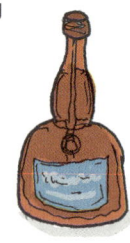 그랑 마니에르 2큰술
 레몬 ½개

FOREST FRUITS WITH ZABAGLIONE

4인분　　준비: 20분　　요리: 30분　　　숲의 과일과 자발리오네

 레몬 겉껍질을 갈아 낸다.

 딸기는 꼭지를 발라내고 크면 반으로 가른다.

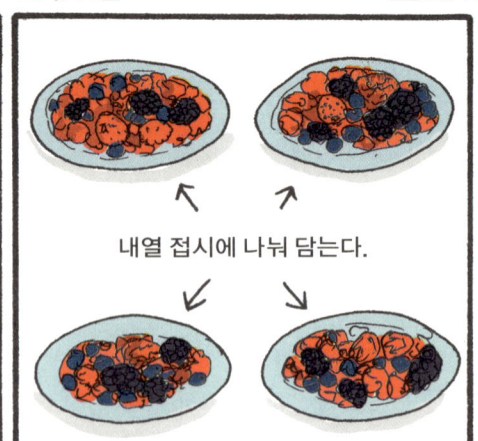 내열 접시에 나눠 담는다.

GRILL
 브로일러를 데운다.

 달걀노른자 + 설탕 + 그랑 마니에르 / 내열 대접에 담아 / 거품기로 휘젓는다.

 걸쭉해질 때까지 8~10분간 익힌다. 계속 휘젓는다. 물에 닿으면 안 된다. 끓을락말락하는 물

 불에서 내려 레몬 겉껍질을 더한다.

 자발리오네를 베리 위에 올린다.

GRILL
 노릇해질 때까지 브로일러에 굽는다.

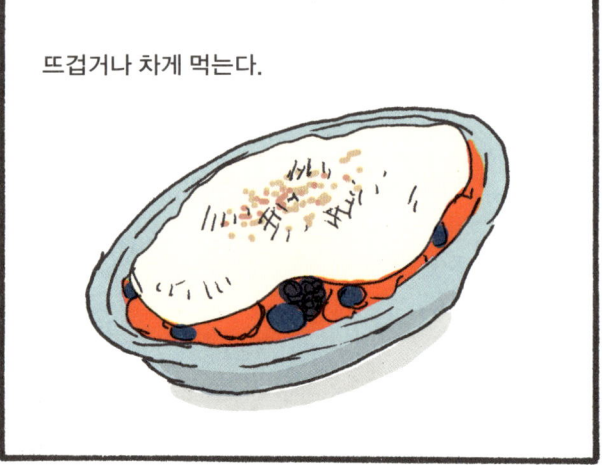 뜨겁거나 차게 먹는다.

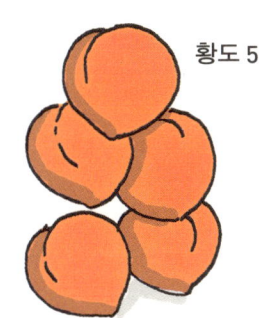 황도 5개
무염 버터 25g, 바를 것 별도
백설탕 50g
달걀노른자 2개분
코코아 가루 25g
아마레티 비스킷 4개, 부순다.

STUFFED PEACHES

속 채운 복숭아

4인분   준비: 20분   요리: 30분

PRE HEAT 오븐을 160℃로 데운다.

오븐 사용 가능 접시에 버터를 바른다.

복숭아 1개 — 껍질을 벗기고 반으로 갈라 씨를 바르고 다진다.

다진 복숭아를 대접에 담는다.

나머지 복숭아도 반으로 갈라 씨를 바른다.

씨 발라낸 자리에서 살을 조금 떠 대접에 담는다.

설탕 + 코코아 가루 + 달걀노른자 + 부순 아마레티 → 더한다.

떠 담아 씨 바른 자리에 봉긋하게 담는다.

버터를 한 쪽씩 올린다.

Bake 굽는다. 1시간 동안.

따뜻하게 먹는다.

CANNOLI

20~22개분 준비: 30분, 그냥 두는 시간 별도 요리: 1시간

카놀리

소 Filling
← 짤주머니

리코타 치즈를 체에 눌러 내린다.

가루 설탕을 더해 나무 숟가락으로 섞는다.

호박 + 초콜릿 + 럼
잘 섞는다.

랩을 씌워 냉장고에 12시간 동안 둔다.

DOUGH 반죽

밀가루 + 소금 한 자밤을
체로 내린다.

라드, 식초, 와인, 달걀흰자, 백설탕을 단단해질 때까지 잘 섞는다.

둥글게 빚는다.

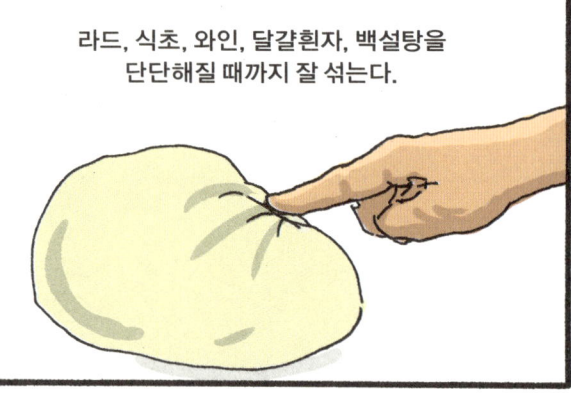
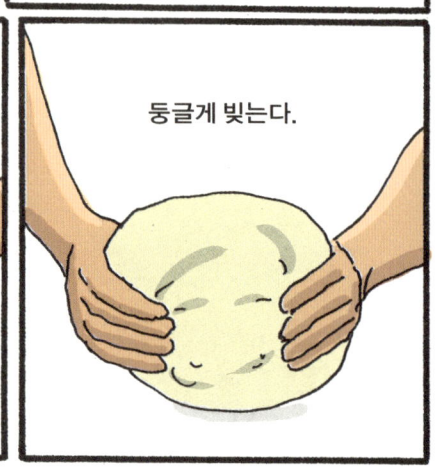

랩으로 씌워 30분 둔다.

3쪽으로 나눠
밀가루 가볍게 두른 작업대에서 민다.

네모꼴로 20~22쪽 잘라낸다.

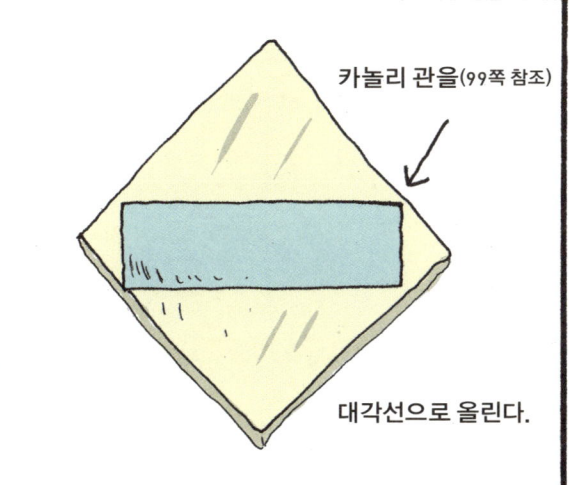
카놀리 관을 (99쪽 참조)
대각선으로 올린다.

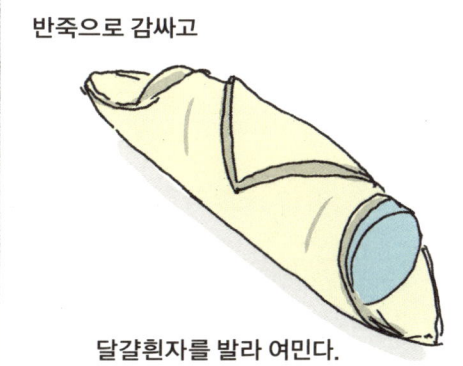
반죽으로 감싸고
달걀흰자를 발라 여민다.

스킬렛에 기름을 ¾ 채우고
빵조각이 30초 만에 떠오를 때까지 달군다.

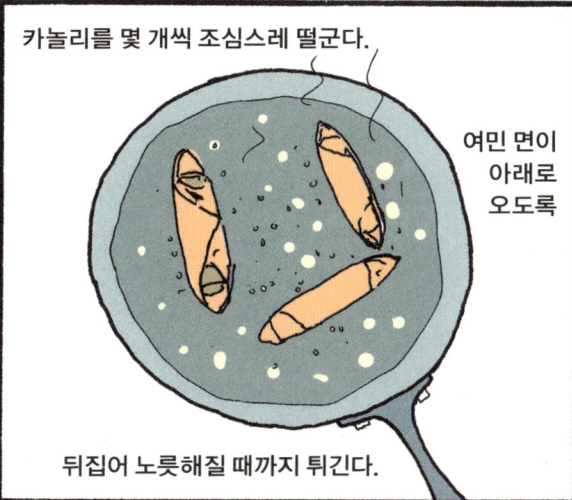
카놀리를 몇 개씩 조심스레 떨군다.
여민 면이 아래로 오도록
뒤집어 노릇해질 때까지 튀긴다.

구멍 뚫린 국자로 건져서
종이 행주에 올려 기름기를 걷어낸다.

식으면 관을 조심스레 빼고 완전히 식힌다.
관이 뜨거울 수도 있으니 조심한다!

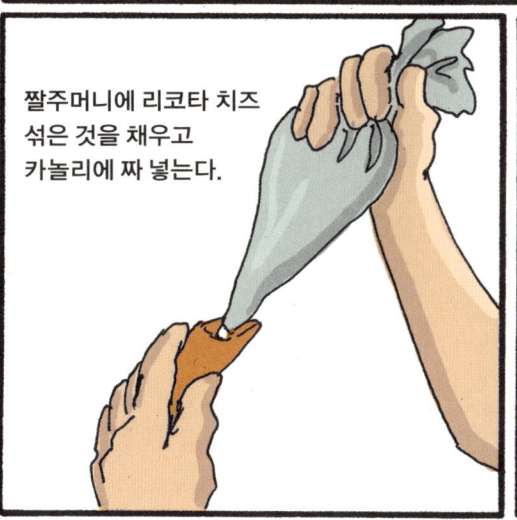
짤주머니에 리코타 치즈 섞은 것을 채우고 카놀리에 짜 넣는다.

가루 설탕을 솔솔 뿌린다.

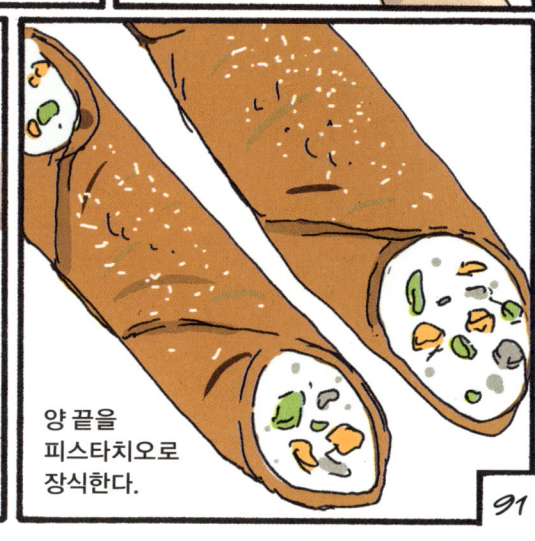
양 끝을 피스타치오로 장식한다.

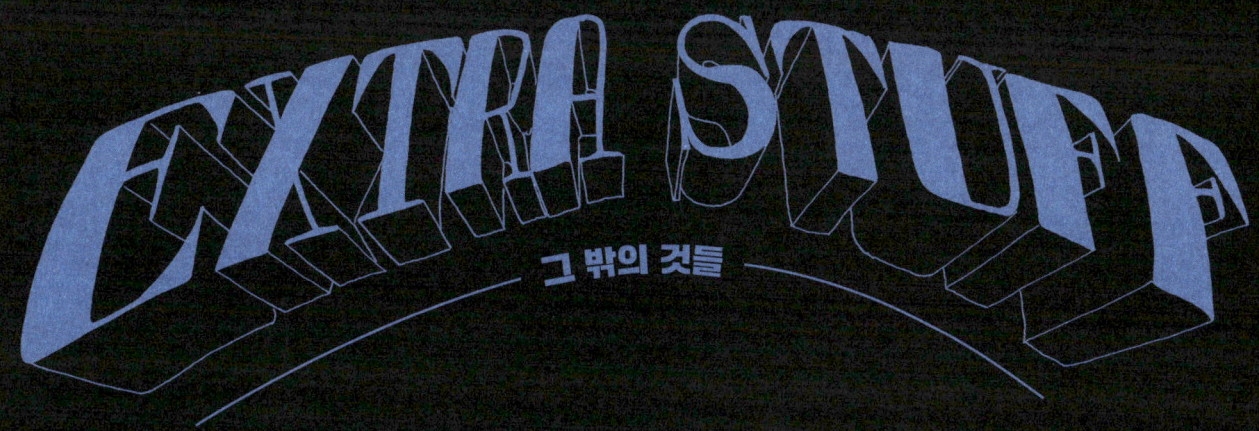

RECIPE NOTES 레시피 노트

구체적으로 언급하지 않을 경우 모든 재료는 다음 원칙을 따라 쓴다.

– 버터는 언제나 무염 제품을 쓴다.

– 모든 허브는 생것을 쓴다.

– 후추는 검은색 후추를 바로 갈아서 쓴다.

– 달걀과 채소는 언제나 중간 크기를 쓴다.

– 우유는 언제나 지방을 걷어 내지 않은 것을 쓴다.

– 마늘은 큰 것 1쪽을 쓰는데, 작은 것밖에 없다면 2쪽을 쓴다.

– 햄은 언제나 '익힌 햄'을 가리킨다.

– 레시피의 알코올은 물이나 육수, 디저트라면 오렌지즙으로 바꿔 쓸 수 있다.

– 프로슈토는 북부 이탈리아의 파르마 지방이나 산 다니엘레 지방에서 염장 건조해 만든 생햄을 의미한다.

– 오븐마다 여건이 다르므로 레시피의 준비와 요리 시간은 참고만 한다. 대류 오븐을 쓴다면 제조업체의 지침을 읽고 온도를 조절한다.

– 튀김 기름이 잘 달궈졌는지 확인하려면 묵은 빵 한 쪽을 떨군다. 30초 안에 노릇해지면 튀김에 적합한 온도인 180~190℃다. 위험하니까 조심해서 튀긴다. 긴팔 옷을 입고 기름이 튀지 않도록 재료는 조심스레 떨구고, 조리 과정을 계속 지켜본다.

– 몇몇 레시피에는 날것, 또는 아주 살짝 익힌 달걀을 쓴다. 노인이나 어린이, 요양 중이거나 면역 체계가 약한 사람, 또는 임산부라면 먹으면 안 된다.

– 계량 숟가락을 사용할 경우 재료를 달아 윗면을 평평하게 고른다. 1작은술은 5ml, 1큰술은 15ml다.

TECHNIQUES IN DETAIL 상세한 조리법

반죽하기 KNEAD

공기를 불어 넣고 탄력이 생기도록 반죽을 밀고 당기고 포갠다. 밀가루를 가볍게 두른 작업대 위에서 하면 좋다. 아니면 제빵 갈고리가 달린 스탠딩 믹서를 써도 좋다. 파스타나 효모를 넣은 발효 반죽은 힘차게, 버터가 섞인 페이스트리 반죽은 가볍고 짧게 반죽한다.

새우(손질하기) PRAWNS (PREP)

등을 따라 보이는 검은 내장은 발라내지 않아도 좋지만, 지글지글하고 불쾌하다. 머리를 떼어 내고 껍데기를 벗긴다. 내장이 드러나도록 등에 날카로운 칼로 칼집을 넣은 뒤 긁어 버린다.

생선(비늘 벗기기와 손질하기)
FISH (DE-SCALE & CLEAN)

칼등으로 꼬리부터 머리 쪽으로 긁어 비늘을 벗겨낸다. 지느러미를 잘라내고 (생선의 몸 ⅔쯤에 있는) 배설강에 칼끝을 넣고 배를 따라 가른다. 내장을 손으로 발라내고 헹군다.

오징어(손질하기) SQUID (PREP)

오징어는 대개 손질해서 팔린다. 아니더라도 집에서 손질하기가 어렵지 않다. 오징어의 몸통을 한 손으로, 다리를 다른 손으로 잡고 당겨서 둘을 분리한다. 눈 바로 위에서 내장을 잘라내 버리고 한가운데의 부리도 발라낸 뒤 헹군다.

정어리(비늘 벗기기, 손질하기, 뼈 발라내기)
SARDINES (SCALE, CLEAN & BONE)

칼등으로 꼬리부터 머리 쪽으로 긁어 비늘을 벗겨낸다. (생선 비늘 벗기기와 손질하기 참조) 칼을 쥐지 않은 손으로 생선을 누르고 칼끝을 꼬리 쪽으로 넣은 뒤 머리 쪽으로 움직여 배를 가른다. 내장을 발라내 버리고 잘 헹군다. 아가미를 떼어 내고 핏줄도 헹궈 걷어낸다. 정어리 등이 도마에 닿도록 올려놓고 손가락으로 살며시 등뼈와 잔가시를 들어낸다. 뼈를 들어 올리고 가위로 꼬리 쪽을 잘라 버린다. 핀셋으로 남은 잔가시를 집어낸다.

홍합(씻기와 손질하기) MUSSELS (CLEAN & PREP)

흐르는 물에 홍합을 박박 문질러 닦고 철수세미나 칼로 따개비를 들어낸다. '족사'는 당겨서 뽑는다. 입을 벌린 홍합이 있다면 두들겨 본다. 입을 바로 다물면 살아 있는 것이다. 아니면 버린다.

휘젓기/섞기 WHISK/BEAT

수동 또는 전동 거품기, 또는 전동 스탠딩 믹서로 달걀, 버터, 크림을 휘저어 공기를 불어 넣어 가볍게 부풀린다. 특히 수플레를 위해서 달걀흰자를 부풀릴 때는 깨끗하고 물기 없는 대접을 쓴다.

GLOSSARY 요리 용어

고기를 묶기 *TIE MEAT*

모양이 흐트러지지 않도록 고기를 요리용 실로 묶는다.

고명 *GARNISH*

음식을 내기 직전에 올리는 장식. 허브나 썬 레몬, 샐러드 등을 많이 쓴다.

기름 바르기 *GREASE*

빵이나 과자가 붙지 않도록 팬이나 틀에 기름이나 버터 같은 지방을 발라 주는 것을 의미한다.

나누기 *CUT INTO PORTIONS*

고기나 가금류, 생선을 1인분으로 고르게 썰어 나누는 것을 의미한다.

날리기 *EVAPORATE*

소스가 걸쭉해지도록 물기를 끓여 날려 버린다.

데우기 *PRE-HEAT*

요리를 시작하기 전에 필요한 온도로 오븐을 데우는 것을 의미한다.

데치기 *BLANCH*

과일이나 채소를 겉은 부드럽지만 아삭함이 살아 있도록 끓는 물에 익힌다.

두들기기 *POUND*

고기 망치나 밀대로 고기나 채소의 섬유질을 두들겨 부드럽게 만드는 조리법이다.

뚜껑 덮기 *COVER*

익힌 재료가 마르지 않도록 팬이나 접시의 뚜껑을 덮어 놓는 걸 의미한다.

리볼리타 *RIBOLLITA*

"다시 삶기"라는 뜻을 가진, 카볼로 네로(토스카나 양배추)와 흰 콩을 넣고 끓인 따끈한 스튜다. 대개 하루 전에 만들어 다시 데워 먹는다.

리코타 로마나 *RICOTTA ROMANA*

지방을 걷어 내지 않은 양젖으로 만든 몽글몽글한 치즈다. 풍성하지만 다른 리코타 치즈보다 풍성하고 더 달다.

마스카르포네 *MASCARPONE*

롬바르디아 지역의 특산물로 크림처럼 부드러우며 발효와 숙성을 시키지 않은 치즈다. 크림치즈와 비슷하지만 새콤하고 고소하다. 티라미수(77쪽 참조) 같은 디저트에 많이 쓴다.

막대기 모양으로 썰기 *BATON*

채소를 길고 가늘고 네모나게, 연필 굵기로 썬다.

말바지아 와인 MALVASIA WINE

지중해에서 자라는 와인용 포도다. 달콤한 와인은 카놀리 (90~91쪽 참조) 같은 디저트에 쓴다. 마데이라를 대신 써도 좋다.

밀가루 두르기 DUST WITH FLOUR

재료에 밀가루를 살짝 둘러 튀기면 더 바삭해진다.

밀가루 산 MOUND

파스타를 반죽하기 위해 밀가루를 작업대에 체로 내려 봉굿하게 쌓는다.

밀라노식 MILANESE

닭이나 송아지의 안심이나 촙(아니면 때로 채소도)에 빵가루를 입혀 바삭해질 때까지 버터에 지지는 요리법이다.

베샤멜 BÉCHAMEL

루(곤죽)으로 만든 흰색 소스로, 버터와 밀가루를 같은 비율로 섞어 볶다가 우유를 거품기로 휘저어 섞어 걸쭉하고 크림처럼 부드러워질 때까지 끓인다.

보글보글 끓이기 SIMMER

액체가 끓을락 말락 할 정도로, 표면이 아주 살짝 출렁일 만큼만 불을 줄여 끓이는 조리법이다.

볼로네제 BOLOGNESE

"볼로냐식"이라는 의미로 그 지역의 라구(고기 소스)나 탈리아텔레, 라자냐를 의미한다.

봉투에 싸서 굽기 BAKE IN A PACKAGE

생선, 고기, 채소가 촉촉함을 잃지 않도록 은박지나 유산지에 싸서 굽는다.

부드러워질 때까지 익히기 COOK UNTIL SOFTENED

양파 같은 채소의 물기가 빠져서 투명하고 달달해질 때까지 익히는 요리법이다.

불리기 SOAK

말린 과일이나 채소, 버섯 등을 찬물에 미리 불리는 조리법이다.

브루스케타 BRUSCHETTA

묵은 빵을 살짝 구워 마늘을 문지르고 기름을 졸졸 뿌린 뒤 썬 토마토 등을 얹은 음식이다.

빵 / 빵가루 BREAD/BREADCRUMBS

거품기로 휘저어 올린 달걀에 생선, 고기, 채소 등을 담갔다가 빵가루를 묻혀서 노릇하고 바삭하게 튀긴다.

살사 베르데 SALSA VERDE

그릴에 구운 생선이나 고기에 곁들이는, 케이퍼와 허브로 만든 새콤한 녹색의 소스다.

삶기 BOIL

부글부글 끓는 물이나 육수에 재료를 일정 시간 익힌다.

생효모 또는 건조 효모 YEAST, FRESH/DRY

효모는 빵이나 다른 반죽을 발효시켜 부풀리는 데 쓴다. 건조 효모는 밀가루에 그대로 섞어도 되지만, 생효모는 물에 먼저 갠 다음 섞는다.

섞기 BLEND

전동 블렌더나 푸드프로세서로 크림처럼 부드러워지거나 퓌레가 될 때까지 간다.

세미프레도 SEMIFREDDO

빨리 만들어 살짝 얼려 먹는, 부드러운 아이스크림이다.

속 채우기 FILL

페이스트리 껍데기에 달걀이나 과일을 채우거나, 케이크의 켜 사이에 크림이나 잼을 바르는 것을 의미한다.

솔솔 뿌리기 SPRINKLE

하나의 재료를 다른 재료에 천천히 섞거나 표면에 솔솔 뿌리는 것을 의미한다.

썰기 CHOP

재료를 한입 크기로 자른다.

썰어 내기 CARVE

통으로 구운 고기를 손잡이가 긴 두 갈래 포크로 누르고 날카롭고 긴 칼로 썬다. 오븐에서 꺼낸 뒤 10~15분 정도 두면 더 잘 썰린다.

씨 바르기 DE-SEED

고추나 파프리카 같은 채소의 씨를 긁어서 버리는 것을 의미한다.

알 덴테 AL DENTE

겉은 부드럽지만 속은 살짝 씹히도록 파스타를 삶는다는 뜻의, 이탈리아에서 아주 중요한 요리 용어다.

약불에 익히기 COOK OVER LOW HEAT

가장 약한 불에 재료를 오래, 살살 녹는 것처럼 야들야들하게 익힌다.

얇은 켜 입히기 COVER WITH A THIN LAYER

요리에 크림, 젤라틴, 소스 등의 얇은 막을 입히는 것을 의미한다.

오븐에서 노릇하게 굽기 BROWN IN AN OVEN

라자냐 같은 음식의 윗면이 노릇해지고 부글거릴 때까지 오븐에서 5~10분 굽는다.

으깨기 CRUSH

마늘을 칼등으로 누르거나, 절구와 공이로 향신료를 가는 것을 의미한다.

절구와 공이 MORTAR & PESTLE

향신료를 갈거나 페스토를 빻는 데 쓰는 도구다. 블렌더를 대신 써도 좋다.

제과용 누름돌 BAKING BEANS

콩알만 한 도기 구슬로 페이스트리 껍데기를 구울 때 쓴다.

채우기 STUFF

속을 비운 토마토나 닭의 뱃속에 쌀이나 빵가루처럼 짠맛 나는 재료를 섞는 조리법이다.

채치기 SHRED

양배추나 양상추 같은 재료를 곱게 채치는 걸 의미한다.

카놀리 관 CANNOLI TUBE
카놀리 반죽을 둘러싸서 튀길 때 쓰는 관이다. 대개 금속으로 만들고 좋은 주방용품점에서 살 수 있다.

카치아토레 CACCIATORE
"사냥꾼의"라는 뜻으로 닭이나 토끼를 양파, 버섯, 토마토, 피망, 당근 등과 한 냄비에 끓인 음식이다.

카포나타 CAPONATA
깍둑 썬 가지, 피망, 토마토를 식초, 건포도, 케이퍼로 된 새콤달콤한 소스에 천천히 푹 끓여 만드는, 시칠리아의 안티파스토다.

코코트 COCOTTE
두툼한 자기나 테라코타로 만들어진 뚜껑 딸린 냄비에 재료를 익히는 요리법이다.

크림이나 버터를 섞기 STIR IN BUTTER OR CREAM
요리의 마지막에 풍성하고 매끈하며 빛나는 느낌을 준다.

탈레지오 TALEGGIO
북부 이탈리아 발 탈레지오 지방의 이름을 딴 치즈다. 크림처럼 부드럽고 매끈하면서도 향이 강하지만 순한 과일 맛이 난다.

튀김 DEEP FRY
팬에 지방 또는 기름(식용유가 가장 좋다.)을 끓여서 재료를 익힌다. 묵은 빵조각을 담가 30초 이내에 노릇해지면 기름이 다 달궈진 것이다.

파사타 PASSATA
으깨어 체로 내린 토마토다. (퓌레보다 덜 진하다.)

판체타 PANCETTA
염장한 후 바람에 말려 숙성시킨 돼지 삼겹살이다. 소스의 바탕으로 두터운 맛을 보태 준다.

팬에서 노릇하게 지지기 BROWN IN A PAN
중불에 팬을 올려 버터나 기름을 달궈 고기나 채소(양파나 마늘 같은)가 노릇해지고 반짝일 때까지 지진다.

포개기 FOLD
밀가루를 젖은 재료(달걀이나 설탕)에 스테인리스 숟가락이나 나이프로 자르듯 섞는 것을 의미한다.

포르치니 PORCINI
갈색의 큰 갓이 달린 버섯으로, 버섯 아래에는 주름(아가미)이 빼곡하다.

폴렌타 POLENTA
옥수숫가루로 죽처럼 쑤거나, 굳혀서 쐐기 모양으로 썰어 오븐이나 그릴에 굽는다.

프로슈토 PROSCIUTTO
절인 돼지 앞다릿살로 만든 생햄으로, 파르마 지방의 명물이다.

MENU IDEAS 메뉴 모음

봄
SPRING MENU

속 채운 오징어 그릴 구이, 17쪽

감자와 시금치 뇨키, 39쪽

마스카르포네 치즈를 채운 닭가슴살, 54쪽

헤이즐넛 소스 판나 코타, 78쪽

여름
SUMMER MENU

토마토 브루스케타, 22쪽

페스토 링귀니, 46쪽

농어 꾸러미 구이, 62쪽

카놀리, 90~91쪽

가을
AUTUMN MENU

속 채운 포르치니 버섯, 14~15쪽

완두콩과 햄 탈리아텔레, 38쪽

천천히 익힌 참치, 63쪽

사과 케이크, 76쪽

겨울
WINTER MENU

리볼리타, 28쪽

채소와 치즈 라비올리, 44~45쪽

닭고기 카치아토레, 60쪽

티라미수, 77쪽

후딱 만들어 먹는 일상의 저녁
QUICK WEEKNIGHT SUPPER

베이컨 기름과 코코트에 익힌 달걀, 19쪽

버섯 푸실리, 40쪽

숲의 과일과 자발리오네, 88쪽

가벼운 점심
LIGHT LUNCH

베이컨과 콩을 더한 시금치 샐러드, 31쪽

뱃사람식 홍합 요리, 53쪽

딸기 또는 살구 그라니타, 82~83쪽

생일 저녁
BIRTHDAY DINNER

마르게리타 피자, 21~22쪽

새우 파르팔레, 47쪽

정어리 구이, 58쪽

속 채운 복숭아, 89쪽

야외에서 먹는 저녁
DINING AL FRESCO

판차넬라, 30쪽

미트볼 리가토니, 42쪽

프리토 미스트, 66~67쪽

라즈베리 세미프레도, 75쪽

INDEX 찾아보기

ㄱ

가지
  아그로돌체 카포나타 • 11, 16
  프리타타 케이크 • 32~33
감자
  감자 크로켓 • 23
  감자와 시금치 뇨키 • 39
계량 • 94
계량 숟가락 • 94
고기 • 10
  당근을 곁들인 쇠고기 통구이 • 50~51
  묶기 • 96
  미트볼 리가토니 • 42~43
  버터와 세이지 돼지고기 촙 • 57
  볼로냐식 라자냐 • 36~37
  썰어 내기 • 98
  폴렌타를 곁들인 배갈비 • 11, 56
  피자 가게식 스테이크 • 52
고명 • 96
고추
  정어리 구이 • 58
과일
  딸기 그라니타 • 82~83
  라즈베리 세미프레도 • 11, 75
  블랙베리 타르트 • 86~87
  사과 케이크 • 76
  살구 그라니타 • 83
  속 채운 복숭아 • 89
  숲의 과일과 자발리오네 • 88
  초콜릿과 배 타르트 • 72~73

ㄴ

너트메그
  당근을 곁들인 쇠고기 통구이 • 50~51
  볼로냐식 라자냐 • 36~37
녹색 소스의 남방대구 • 59
농어 꾸러미 구이 • 62

ㄷ

달걀 • 94
  달걀흰자 부풀리기 • 95
  속 채운 복숭아 • 89
  카르보나라 스파게티 • 10, 41
  코코트에 익힌 달걀 • 19
  프리타타 케이크 • 32~33
닭
  닭고기 카치아토레 • 10, 60
  마스카르포네 치즈를 채운
  닭가슴살 • 54~55
  소금 껍데기 닭 통구이 • 61
당근
  닭고기 카치아토레 • 10, 60
  당근을 곁들인 쇠고기 통구이 • 50~51
  슬슬 익힌 참치 • 63
데치기 • 96
도구 • 11
돼지고기
  버터와 세이지 돼지고기 촙 • 57
  폴렌타를 곁들인 배갈비 • 11, 56

ㄹ

라즈베리
  라즈베리 세미프레도 • 11, 75
  숲의 과일과 자발리오네 • 88
레몬
  녹색 소스의 남방대구 • 59
  블랙베리 타르트 • 86~87
레시피 노트 • 94
로즈마리
  농어 꾸러미 구이 • 62
  소금 껍데기 닭 통구이 • 61
루콜라와 탈레지오 치즈 파이 • 68~69
리볼리타 • 28~29, 96
리코타 치즈
  리코타 로마나 치즈 • 96
  채소와 치즈 라비올리 • 44~45
  카놀리 • 9, 90~91
  판차로티 • 10, 26~27

ㅁ

마늘 • 94
  농어 꾸러미 구이 • 62
  속 채운 오징어 그릴 구이 • 17
  속 채운 포르치니 버섯 • 14~15
  정어리 구이 • 58
  토마토 브루스케타 • 11, 22
  페스토 링귀니 • 11, 46
  피자 가게식 스테이크 • 52
마스카르포네 치즈 • 96
  마스카르포네 디저트 • 80
  마스카르포네 치즈를 채운 닭가슴살 • 54~55
  티라미수 • 11, 77
막대기 모양으로 썰기 • 96
메뉴 모음 • 100~101
모짜렐라 치즈
  마르게리타 피자 • 10, 20~21
미장 플라스 • 11
미트볼 리가토니 • 42~43
밀라노식 • 97
밀라노식 미네스트로네 • 24~25

ㅂ

바닐라
  블랙베리 타르트 • 86~87
  살구 그라니타 • 83
  초콜릿 딜라이트 • 84~85
  토로네 수플레 • 81
  헤이즐넛 소스 판나 코타 • 78
바질
  마르게리타 피자 • 10, 20~21
  판차넬라 • 30
  페스토 링귀니 • 11, 46
반죽하기 • 95
발사믹 식초 • 9, 11
배
  초콜릿과 배 타르트 • 72~73
버섯
  마스카르포네 치즈를 채운 닭가슴살 • 54~55
  버섯 푸실리 • 40
  속 채운 포르치니 버섯 • 14~15
포르치니 버섯 • 99
버섯 푸실리 • 40
베리류
  딸기 그라니타 • 82~83
  마스카르포네 디저트 • 80
  숲의 과일과 자발리오네 • 88
베샤멜 소스 • 97
베이컨
  베이컨과 콩을 더한 시금치 샐러드 • 31
보글보글 끓이기 • 97
복숭아
  속 채운 복숭아 • 89
볼로냐식 라자냐 • 36~37
볼로네제 • 97
  볼로냐식 라자냐 • 36~37
봉투에 싸서 굽기 • 97
브루스케타 • 97
  토마토 브루스케타 • 11, 22
블랙베리
  블랙베리 타르트 • 86~87
  숲의 과일과 자발리오네 • 88
비스킷
  칸투치 • 10, 74
빵
  브루스케타 • 97
  속 채운 포르치니 버섯 • 14~15
  토마토 브루스케타 • 11, 22
  판차넬라 • 30
빵가루 • 96

ㅅ

사과 케이크 • 76
살구 그라니타 • 83
살사 베르데 • 97
삶기 • 97
상세한 조리법 • 95
새우
  새우 파르팔레 • 47
  손질하기 • 95
  프리토 미스토 • 10, 66~67
새우 파르팔레 • 47
샐러드
  베이컨과 콩을 더한 시금치 샐러드 • 31
  판차넬라 • 30
생선 • 10
  녹색 소스의 남방대구 • 59
  농어 꾸러미 구이 • 62
  비늘 벗기기와 손질하기 • 95
  정어리 구이 • 58
  천천히 익힌 참치 • 63
생크림
  라즈베리 세미프레도 • 11, 75
  코코트에 익힌 달걀 • 19
  헤이즐넛 소스 판나 코타 • 78
서양 대파
  아스파라거스 리소토 • 64~65
섞기 • 98
세미프레도 • 98
  라즈베리 세미프레도 • 11, 75
세이지
  버터와 세이지 돼지고기 촙 • 57
  채소와 치즈 라비올리 • 44~45
셀러리
  녹색 소스의 남방대구 • 59
  닭고기 카치아토레 • 10, 60
  아그로돌체 카포나타 • 11, 16
소금
  소금 껍데기 닭 통구이 • 61
속 채운 복숭아 • 89

속 채운 오징어 그릴 구이 • 17
속 채운 포르치니 버섯 • 14~15
송로버섯 • 9
쇠고기
    당근을 곁들인 쇠고기 통구이 • 50~51
    피자 가게식 스테이크 • 52
수프
    리볼리타 • 28~29, 96
    밀라노식 미네스트로네 • 24~25
시금치
    감자와 시금치 뇨키 • 39
    베이컨과 콩을 더한 시금치 샐러드 • 31
    채소와 치즈 라비올리 • 44~45
시칠리아 • 9
쌀
    밀라노식 미네스트로네 • 24~25
    아스파라거스 리소토 • 64~65

ㅇ

아그로돌체 카포나타 • 11, 16
아마레티 비스킷
    속 채운 복숭아 • 89
아몬드
    초콜릿과 배 타르트 • 72~73
    칸투치 • 74
아스파라거스
    아스파라거스 리소토 • 64~65
안초비
    속 채운 포르치니 버섯 • 14~15
애호박
    밀라노식 미네스트로네 • 24~25
에밀리아로마냐 • 9~10
오징어
    속 채운 오징어 그릴 구이 • 17
    손질하기 • 95
    프리토 미스토 • 10, 66~67
올리브
    파프리카 말이 • 18
올리브기름 • 9~10
완두콩
    새우 파르팔레 • 47
    완두콩과 햄의 탈리아텔레 • 10, 38
    완두콩과 햄의 탈리아텔레 • 10, 38
요리와 솜씨 • 11
이탈리아 요리의 '규칙' • 8

ㅈ

장보기 요령 • 10
정어리
    비늘 벗기기, 손질하기, 뼈 발라내기 • 95
    정어리 구이 • 58
정어리 구이 • 58
지역 요리 • 10

ㅊ

참치
    천천히 익힌 참치 • 63
    파프리카 말이 • 18
채소와 치즈 라비올리 • 44~45
채우기 • 98
채치기 • 98
초콜릿
    초콜릿 딜라이트 • 84~85
    초콜릿과 배 타르트 • 72~73
    카놀리 • 9, 90~91
    티라미수 • 11, 77

ㅋ

카놀리 • 9, 90~91
카르보나라 스파게티 • 10, 41
카볼로 네로
    리볼리타 • 28~29
카치아토레 • 99
    닭고기 카치아토레 • 10, 60
카포나타 • 99
    아그로돌체 카포나타 • 11, 16
칸투치 • 10, 74
커피
    티라미수 • 11, 77
케이크
    사과 케이크 • 76
    초콜릿 딜라이트 • 84~85
콩류 • 10
    리볼리타 • 28~29
    밀라노식 미네스트로네 • 24~25
    베이컨과 콩을 더한 시금치 샐러드 • 31
    천천히 익힌 참치 • 63
    페스토 링귀니 • 11, 46
크림치즈
    루콜라와 탈레지오 치즈

파이 • 68~69
마스카르포네 디저트 • 80

ㅌ

타르트
    블랙베리 타르트 • 86~87
    초콜릿과 배 타르트 • 72~73
탈레지오 치즈 • 99
토로네 수플레 • 81
토마토
    닭고기 카치아토레 • 10, 60
    리볼리타 • 28~29
    마르게리타 피자 • 10, 20~21
    버섯 푸실리 • 40
    아그로돌체 카포나타 • 11, 16
    토마토 브루스케타 • 11, 22
    통조림 토마토 • 11
    파프리카 말이 • 18
    판차넬라 • 30
    판차로티 • 10, 26~27
    폴렌타를 곁들인 배갈비 • 11, 56
    피자 가게식 스테이크 • 52
토마토 파사타 • 99
    미트볼 리가토니 • 42~43
    볼로냐식 라자냐 • 36~37
튀김 • 94, 99
티라미수 • 11, 77

ㅍ

파르마 햄 • 9
파르미지아노 치즈 • 9
    감자 크로켓 • 23
    감자와 시금치 뇨키 • 39
    미트볼 리가토니 • 42~43
    버섯 푸실리 • 40
    볼로냐식 라자냐 • 36~37
    코코트에 익힌 달걀 • 19
파스타 • 8, 10
    감자와 시금치 뇨키 • 39
    미트볼 리가토니 • 42~43
    버섯 푸실리 • 40
    볼로냐식 라자냐 • 36~37
    새우 파르팔레 • 47
    알 덴테로 익히기 • 98
    완두콩과 햄의 탈리아텔레 • 10, 38
    채소와 치즈 라비올리 • 44~45
    카르보나라 스파게티 • 10, 41
    페스토 링귀니 • 11, 46

파슬리
    녹색 소스의 남방대구 • 59
    뱃사람식 홍합 요리 • 53
    속 채운 오징어 그릴 구이 • 17
파이
    루콜라와 탈레지오 치즈 파이 • 68~69
파프리카
    파프리카 말이 • 18
    프리타타 케이크 • 32~33
판차넬라 • 30
판차로티 • 10, 26~27
판체타 • 99
    당근을 곁들인 쇠고기 통구이 • 50~51
    카르보나라 스파게티 • 10, 41
    페스토 링귀니 • 11, 46
페코리노 치즈
    카르보나라 스파게티 • 10, 41
폰티나 치즈
    감자 크로켓 • 23
폴렌타
    폴렌타를 곁들인 배갈비 • 11, 56
풀리아 • 10
프리타타 케이크 • 32~33
프리토 미스토 • 10, 66~67
피스타치오
    카놀리 • 9, 90~91
피에몬테 • 9~10
피자
    마르게리타 피자 • 10, 20~21
    피자 가게식 스테이크 • 52

ㅎ

햄 • 94
    완두콩과 햄의 탈리아텔레 • 10, 38
    판차로티 • 10, 26~27
    프로슈토 • 94, 99
허브 • 11
헤이즐넛
    헤이즐넛 소스 판나 코타 • 78
헤이즐넛 소스 판나 코타 • 10, 78
홍합
    뱃사람식 홍합 요리 • 53
    씻기와 손질하기 • 95
    프리토 미스토 • 10, 66~67
환경과 기후 • 9
효모 • 97
휘젓기 • 95

옮긴이 **이용재**

음식 평론가. 한양 대학교 건축학과와 미국 조지아 공과 대학 건축 대학원을 졸업했다. 음식 전문지 《올리브 매거진》에 한국 최초의 레스토랑 리뷰를 연재했으며, 《조선일보》, 《경향신문》, 《에스콰이어》, 《GQ》, 《보그》 등에 기고했다. 홈페이지(www.bluexmas.com)에 음식 문화 관련 글을 꾸준히 올린다. 『실버 스푼』 외에도 『뉴욕의 맛 모모푸쿠』, 『철학이 있는 식탁』, 『식탁의 기쁨』 등의 요리책 및 음식 이론서를 번역했으며, 한국 음식 문화 비평 연작의 일환으로 『외식의 품격』과 『한식의 품격』을 썼다.

Original title: Chop, Sizzle, Wow: The Silver Spoon Comic Cookbook
© 2014 Phaidon Press Limited

This Edition published by ScienceBooks Publishing Co. Ltd under licence from Phaidon Press Limited, Regent's Wharf, All Saints Street, London, N1 9PA, UK,
© 2018 Phaidon Press Limited.

All rights reserved.

No part of this publication may be reproduced, stored in a retrieval system or transmitted, in any form or by any means, electronic, mechanical, photocopying, recording or otherwise, without the prior permission of Phaidon Press.

이 책의 한국어판 저작권은 Phaidon Press Limited와 독점 계약한 ㈜사이언스북스에 있습니다.

저작권법에 의해 한국 내에서 보호를 받는 저작물이므로 무단 전재와 무단 복제를 금합니다.

탁탁탁 지글지글 짠!

1판 1쇄 찍음 2018년 4월 15일
1판 1쇄 펴냄 2018년 4월 30일

옮긴이　이용재
펴낸이　박상준
펴낸곳　㈜사이언스북스
출판등록　1997. 3. 24.(제16-1444호)
(06027) 서울특별시 강남구 도산대로1길 62
대표전화　515-2000　　팩시밀리　515-2007
편집부　　517-4263　　팩시밀리　514-2329

한국어판 ⓒ ㈜사이언스북스, 2018. Printed in Hong Kong.

ISBN 978-89-8371-751-1 13590

세미콜론은 이미지 시대를 열어 가는 ㈜사이언스북스의 브랜드입니다.
www.semicolon.co.kr